UNA DIETA
SINGULAR PARA
RENOVAR SU
MENTE.

Piense y
Cambie
su **Vida**

Piense y Cambie su Vida

STAN TOLER

EDITORIAL

PIENSE Y CAMBIE SU VIDA

©2010 por H. B. London (Hijo) y Neil B. Wiseman

Publicado por Editorial Patmos
Weston, Florida EE.UU.
www.editorialpatmos.com

Publicado originalmente por Gospel Light Worldwide, un ministerio internacional
de Gospel Light, P. O. Box 3875, Ventura, CA 93006.
©2000 por H. B. London (Hijo) y Neil B. Wiseman

Categoría: Liderazgo
ISBN: 978-1-58802-607-1

Impreso en Brasil

Al presidente John Fozard de Mid-America Christian University
Su liderazgo y pasión por educar y expandir las mentes
de los líderes jóvenes son una inspiración para mí.

CONTENIDO

Agradecimientos

Muchas gracias a Donald D. Cady, Lawrence W, Wilson, Joe Jackson, Lyn Rayn y a todo el equipo de Wesleyan Publishing House por su fe en este proyecto. Gracias también a Jeny Brecheisen, Delores Leonard, Adam Palmer, Jeff Dunn, Toni Winters, Mary McNeil, y Pat Diamond por su inestimable ayuda.

Introducción

"Cogito ergo sum."

Eso está en latín, pero no se preocupe, es lo único que aparece en latín en este libro. Y ya lo dejamos atrás.

¿Qué quiere decir? Es una traducción de la conocida cita francesa: "Je pense, donc je suis".

Puede que usted la conozca mejor como "Pienso, luego existo".

Tal vez su reacción ante la frase es algo así: "¡Pues claro!" Pero cuando René Descartes publicó la idea por primera vez en 1637, fue algo revolucionario. Las personas habían estado usando sus mentes (más o menos) desde que Dios le dio vida a Adán, pero rara vez habían pensado con la mente como tal ni en cómo esta funciona. La afirmación de Descartes fue un momento decisivo para que las personas tomaran conciencia de sus procesos mentales y esto se convirtió en un factor determinante de la filosofía moderna.

Lamentablemente, muy pocas personas en la actualidad piensan en sus propios procesos mentales y mucho menos dan pasos para mejorarlos. Sin embargo, si la mente se deja desatendida se convierte en un semillero fértil para todo tipo de pensamientos destructivos o improductivos que casi siempre producen como resultado una conducta destructiva o no productiva.

Como dije en mi libro Una vida de calidad total: "Los pensamientos se convierten en actitudes. Las actitudes se convierten en acciones. Las acciones se convierten en hábitos. Por tanto, la clave para controlar su vida es controlar su mente". Para vivir vidas felices, saludables y productivas, vidas de calidad total, las personas tienen que cuidar de sus mentes. Lo bueno es que, a pesar de lo que usted pueda estar pensando ahora mismo, ¡lo puede lograr! De eso se trata *Piense y cambie su vida*, de cuidar de nuestras mentes para tener la facultad de disfrutar una vida de calidad total.

MI TRAYECTO PERSONAL

Mi trayecto con esta dieta para la renovación de la mente comenzó por iniciativa del Dr. Melvin Maxwell, el presidente de la universidad donde estudié, quien nos llevó a su hijo, quien ahora es famoso, John C. Maxwell, y a mí a las reuniones de Actitud Mental Positiva en Dayton, Ohio. Los mensajes inspiradores de los oradores todavía resuenan en mi mente a diario. Puede escuchar a W. Clements Stone diciendo: "Lo que la mente pueda concebir, usted lo puede lograr". Yo necesitaba toda la ayuda que pudiera conseguir en esas reuniones ya que había pasado la primera parte de mi infancia en una comunidad de mineros de carbón llamada Baileysville, ubicada en las augustas colinas de West Virginia. Era un pueblo pequeño con una población por debajo de cien personas y una calle principal que era más un camino sin salida que una calle. Tenía una vista maravillosa de las colinas, así como un anticuado puente colgante por el cual podíamos cruzar el río. Era la mismísima definición de rural y, debido a eso, era un lugar donde abundaba el amor familiar y faltaban los entretenimientos de lujo.

Yo vivía en una casa pequeña con tres habitaciones en la ladera de la montaña con mi madre, mi padre y mis dos hermanos, Mark y Terry. Teníamos el agua gratis de un pozo cercano y en los inviernos nos calentábamos con ayuda de nuestra diligente estufa que funcionaba con el mismo carbón que mi padre extraía de las minas. No teníamos baño sino un camino muy bien trillado al retrete. No era mucho, pero era nuestro hogar y nos gustaba.

Los sábados por la mañana mi familia iba a la tienda Wyoming Company para comprar suministros para la semana siguiente. Mientras mis padres estiraban su dinero lo más que podían, mis hermanos y yo agarrábamos nuestra porción semanal de televisión en los televisores en blanco y negro que estaban en la sección de muebles de la tienda. No teníamos televisor en casa, así que esta era la única manera en que podíamos seguir las aventuras de Sky King. Como podrá imaginar, siempre aprovechábamos esa oportunidad crucial.

Nuestra excursión del sábado en la mañana siempre era el momento culminante de mi semana. Eso hizo que fuera mucho más trágico el día en que regresamos a casa luego de la misma y encontramos nuestro hogar de tres habitaciones envuelto en llamas. Sí, pudiéramos haber corrido al pozo y comenzar a cargar agua para apagar el fuego, pero solo hubiera sido un esfuerzo simbólico. La casa estaba prácticamente destruida y pronto sería un montón de cenizas ardientes.

Nunca olvidaré cómo mi papá rodeó con su brazo al pastor Grindstaff aquel día y citó una frase de Job 1:21: "Jehová dio, y Jehová quitó; sea el nombre de Jehová bendito". La fe de mi padre ante tales adversidades contribuyó a tener un fundamento firme para el trabajo de mi vida hoy. Su actitud tan positiva, el mantener una perspectiva llena de fe incluso en medio de la tragedia, fue un testamento de su singular enfoque en Dios. Yo lloré durante días después de aquello, pero mi padre nunca vaciló en su confianza de que Dios cuidaría de nosotros. Ahora al recordarlo está claro que él tenía una mente saludable.

Sin embargo, no tenía un cuerpo saludable. Trabajar duramente en las minas de carbón día tras día le afectó y cuando tenía treinta y un años se había fracturado la espalda tres veces en las minas y comenzó a mostrar síntomas de neumoconiosis, la temible enfermedad que a menudo contraen los mineros de carbón.

Así que recogimos y nos mudamos a Columbus, Ohio, con la esperanza de dejar atrás la infructuosa vida de las minas de carbón. Papá comenzó a trabajar en la construcción y aunque el salario no era muy bueno, nos daba para comprar frijoles, pan de maíz y mortadela frita, que era lo que cenábamos casi todas las noches.

Entonces, en el invierno de 1961, a papá lo despidieron. Ese año el invierno fue duro, lleno de nieve y temperaturas muy frías, pero el clima tan severo era la menor de nuestras preocupaciones. Como el dinero estaba escaso, mis padres clausuraron la mayor parte de la casa para limitar las facturas de electricidad y agua.

La comida comenzaba a escasear también. El día de noche Buena mamá revisó los estantes y no había comida para el día de Navidad, ni siquiera los acostumbrados frijoles, el pan de maíz y la mortadela.

No había comida en la casa y como papá no tenía trabajo, no había manera posible de comprar algo.

A regañadientes mi familia se dirigió al centro de la ciudad para averiguar sobre cómo recibir ayuda del gobierno. Estacionamos nuestro viejo Plymouth y nos pusimos en la fila con cientos de personas, todos esperando que la ciudad de Columbus nos proveyera queso, leche en polvo y huevos en polvo. Pero ni siquiera la idea de recibir la comida tan necesaria podía calentar lo suficiente nuestros corazones como para esquivar el horrible frío junto con el viento penetrante y la nieve que soplaba.

Por fin mi padre no pudo resistir más.

—Nos vamos a casa, muchachos —anunció—. ¡Dios proveerá!

Yo no comprendía de dónde venía su fe ni por qué la provisión de Dios no vendría a través del programa de ayuda del gobierno, pero yo confiaba en su fe y lo mismo sucedía con mis hermanos y mi mamá.

Una vez que estuvimos en casa, encontramos palomitas de

maíz en la alacena y eso se convirtió en nuestra cena. Nosotros los varones nos pasamos el resto de la noche abriendo nuestros regalos de Navidad, uno para cada uno, comprados con el intercambio de estampillas de la tienda Top Value de nuestro vecindario. Luego de abrir los regalos, nos reunimos en la habitación de nuestros padres para pasar la noche, con los estómagos llenos de palomitas de maíz, nuestros corazones llenos de amor de familia y nuestras mentes llenas de ansiedad ante el menú inexistente para el desayuno del próximo día.

A la mañana siguiente, mi familia tan unida se despertó con un golpe fuerte en la puerta y el grito apagado de "¡Feliz Navidad!" Corrimos a la puerta, la abrimos y encontramos un grupo de nuestra iglesia, Fifth Avenue Church, parados en los escalones de la entrada con regalos de Navidad, ropas y, lo más importante, comida para un mes completo, incluyendo nuestros queridos frijoles, harina de maíz y mortadela. ¡Una verdadera Feliz Navidad!

DIOS SIGUE ESTANDO EN EL CIELO

En cierto sentido la expresión de fe de mi papá en circunstancias desesperadas fue como la del rey Josafat. Ante la amenaza militar cada vez mayor de tres naciones: Moab, Amón y el monte de Seir, Josafat sabía que su pequeño reino de Judá no podría derrotar a esos enemigos. Al menos no por sí mismo.

Así que acudió a Dios, buscó la ayuda del Señor frente una multitud congregada de toda la nación: "Jehová Dios de nuestros padres, ¿no eres tú Dios en los cielos, y tienes dominio sobre todos los reinos de las naciones? ¿No está en tu mano tal fuerza y poder, que no hay quien te resista? Dios nuestro, ¿no echaste tú los moradores de esta tierra delante de tu pueblo Israel, y la diste a la descendencia de Abraham tu amigo para siempre? Y ellos han habitado en ella, y te han edificado en ella santuario a tu nombre, diciendo: Si mal viniere sobre nosotros, o espada de castigo, o pestilencia, o hambre, nos presentaremos delante de esta casa, y delante de ti (porque tu nombre está en esta casa), y a causa de nuestras tribulaciones clamaremos a ti, y tú nos oirás y salvarás" (2 Crónicas 20:6-9).

Observe cómo Josafat comienza su oración con la pregunta retórica: "¿no eres tú Dios en los cielos, y tienes dominio sobre todos los reinos de las naciones? Josafat se está recordando a sí mismo, y a la asamblea de los habitantes de Judá que se habían congregado, que por supuesto, Dios puede hacer cualquier cosa. Él es "Dios en los cielos", ¡caramba! Estos enemigos aparentemente invencibles de Amón, Moab y del monte Seir no tienen trascendencia alguna en comparación con Dios. Al hacer la pregunta, Josafat está intentando reenfocar las mentes y corazones de su pueblo en lo que realmente cuenta: la soberanía y el poder de Dios.

En el versículo siguiente Josafat continúa con una pregunta todavía más retórica: "Dios nuestro, ¿no echaste tú los moradores de esta tierra delante de tu pueblo Israel, y la diste a la descendencia de Abraham tu amigo para siempre?" Mientras que la primera pregunta le recordaba al pueblo de Dios el poder de Dios, la segunda galvanizaba sus corazones y mentes, incluyendo al propio Josafat, al concentrarse en la fidelidad de Dios. Dios no solo tiene poder para actuar, él tiene un historial de usar ese poder para actuar a favor de su pueblo. ¡Qué manera tan saludable de pensar en medio de la adversidad!

Ahora puedo ver que mi papá veía a Dios de la misma manera que Josafat. Parado en la fila en vísperas de la Navidad, mi padre de la misma manera alzó la mirada y clamó: "¿No eres tú Dios en los cielos? ¿Acaso no has provisto para nosotros en el pasado?" Mi papá tenía una fe tan grande en la provisión de Dios que él sabía que podía confiar en que Dios se ocuparía por completo de nosotros.

Aunque mi padre falleció poco menos de un año después en un accidente, su fe sigue conmigo hasta el día de hoy como un ejemplo y como una inspiración. Aunque reconozco que disfruté algunas ventajas que muchos otros no han disfrutado, como crecer en una familia llena de fe, mis adversidades, incluyendo la pérdida de mi padre, también fueron muy reales. Los aspectos amargos de mi experiencia pudieran muy fácilmente haberme llevado a una vida de autocompasión y falta de sentido. En cambio, por la gracia de Dios y debido al ejemplo de mi padre, mi niñez infundió en mí un deseo de ayudar a las personas a llevar una vida de calidad total.

EL MOTIVO PARA ESCRIBIR ESTE LIBRO

Usted también puede tener fe como mi padre y como el rey Josafat, una fe que lo lleve adelante en medio de cualquier circunstancia. Usted puede aprender a funcionar bien en todas las facetas de su vida y disfrutar una vida espiritual saludable, una vida emocional saludable, una vida financiera saludable, una vida relacional saludable, y la lista pudiera continuar. Pero un requisito esencial para todos estos tipos de salud diferentes es tener una mente saludable. Si usted está luchando con un aspecto en particular de su vida, es muy probable que su manera de pensar en cuanto a ese aspecto no sea tan saludable como debiera. Usted pudiera necesitar ser "[transformado] por medio de la renovación de vuestro entendimiento" (Romanos 12:2). Puede que haya llegado el momento de que usted asuma una dieta para la renovación de la mente.

De ahí mi motivación para escribir este libro. La pasión de mi corazón es ayudarle a vivir una vida de calidad total, ayudarle a sacar el máximo provecho a su tiempo tan breve en esta tierra. Y si usted no está funcionando bien, si no está sacando lo máximo de su vida, le propongo que se concentre en desarrollar una mente más saludable. Sé que hay ocasiones en las que mi mente no es todo lo saludable que debiera. Incluso ahora hay ocasiones en las que permito que ideas negativas y destructivas se cuelen en mi pensamiento. Se requiere conciencia, disciplina y el poder del Espíritu Santo para devolverle la salud a la mente. Es en ese sentido que esta dieta tan singular puede serle de gran ayuda.

CÓMO UTILIZAR ESTE LIBRO

Este libro le enseñará un proceso de cuatro etapas para restaurar el orden y la limpieza en sus pensamientos. Las cuatro fases son:

Desintoxicación
Reestructuración
Afianzamiento
Perseverancia

Cada una de las tres primeras fases se puede completar en una semana, así que usted puede completar el grueso de la dieta para la renovación de su mente en unas tres semanas. ¡Pero los resultados que logre pueden durar para siempre!

La cuarta fase, Perseverancia, se enfoca en la transición de la dieta al estilo de vida. En esta usted aprenderá a desafiar su mente para experimentar todos los beneficios de ser un aprendiz toda la vida. En cierto sentido esta cuarta semana se convierte en una vida entera a medida que usted hace que una manera saludable de pensar sea una forma de vida.

Cada semana de su dieta para la renovación de la mente usted aprenderá nuevas conductas que puede incorporar a su vida para promover una manera saludable de pensar. No se trata de pasos para pensar de manera saludable, como si usted dejara uno atrás y prosiguiera al próximo, sino ejercicios de una vida saludable que usted puede ir acomodando paulatinamente uno encima del otro. Aprender uno a la vez durante el marco de tres semanas es mucho más sencillo y más fácil que tratar de incorporarlos todos en un mismo día.

Al final de cada capítulo usted encontrará la sección Aplicación que ofrece medidas prácticas que usted puede tomar para aplicar a su propia vida la nueva conducta que ha aprendido en ese capítulo. No sienta que tiene que completar todas las medidas de la sección Aplicación de un ejercicio antes de pasar al próximo. No hay problemas con saltar algunas medidas y regresar a estas posteriormente. Sin embargo, escoja al menos una o dos medidas en las cuales trabajar de inmediato antes de seguir adelante. Esa es la única manera en que usted irá de leer sobre el cambio a realmente hacer un cambio. Además resista la tentación de siempre revisar y buscar las que parezcan más fáciles para usted. Está bien que lo haga de vez en cuando, pero la mayoría de las veces, desafíese a hacer aquellas que requieran el mayor esfuerzo. De esa manera obtendrá muchos más beneficios en el proceso de renovar la mente. A medida que prueba varias acciones y decide cuáles funcionan mejor para usted, estará fomentando un sistema para renovar su mente que Dios puede usar para marcar una diferencia increíble en la manera en que usted piensa, siente y actúa.

No voy a decirle que es fácil producir el cambio en su manera de pensar, ¡pero se puede hacer! Y es crucial para cualquiera que quiera vivir una vida bien ordenada y productiva. Con esta dieta para la renovación de la mente como guía y con el Espíritu Santo dándole la capacidad para su transformación, usted se sorprenderá de cuán rápidamente puede ver una diferencia grande en la manera en que usted piensa y actúa.

Una vez que haya terminado de leer Piense y cambie su vida, vuelva a consultarlo a menudo. Espero que este no sea un libro que usted lea solo una vez y luego lo guarde en un estante. ¡Mantenga este libro a mano y úselo! Consúltelo a menudo para que el proceso de renovar su mente penetre por debajo de la superficie y se convierta para usted en una manera de vivir. Revise otra vez los principios. Pruebe ejercicios que quizá pasó por alto la primera vez. Y siga experimentando la victoria, mediante el poder de Dios, en la batalla por su mente.

LA VICTORIA ESTÁ A SU ALCANCE

Renovar la mente es una batalla continua. Satanás y sus esclavos no renunciarán a la batalla para esclavizar su mente hasta que Jesús regrese. Pero, y esta es la clave, usted puede obtener la victoria hoy. Puede obtener la victoria mañana y pasado. Esta dieta para la renovación de la mente es su plan de acción; le llevará a la victoria en la guerra cotidiana por su mente. Y a medida que una victoria pequeña lleve a una serie de victorias, y una serie de victorias lleve a un estilo de vida victorioso, pronto usted podrá mirar atrás y ver cómo Dios ha usado este proceso de renovación de la mente para cambiar su manera de pensar. Este puede tener un impacto positivo en cada esfera de su vida.

Espero, y es mi oración, al embarcarnos juntos en este viaje, que usted se tome a pecho estas lecciones, y también las lleve a su mente. Mi sueño sincero es que cada persona en este mundo, en el espectro completo de la existencia, aprecie cada bocanada de aire como un regalo de Dios, porque eso es exactamente lo que son.

PRIMERA FASE

Desintoxicación

Primera semana

EJERCICIO
NÚMERO 1

Renuncie
al control

ENFOQUE

Para obtener el
control de su
mente, renuncie
al control de su
vida

Espere un momento. ¿El primer paso para ganar la batalla por mi mente es rendirme? ¡Sin lugar a dudas! Así es. Está bien, déjeme explicarlo.

Piense en la vida cristiana, tal y como la Biblia la describe a menudo, desde el punto de vista de una guerra. Existe una enorme diferencia entre apoyar una guerra verbalmente y entrar realmente en un campo de batalla. Es muy fácil sentarse cómodamente en la sala de estar, ver los debates del congreso o escuchar a los expertos de las noticias y luego decidir si uno está a favor o en contra de determinada acción militar. En nuestros tiempos apoyar una guerra no requiere necesariamente que reordenemos nuestras vidas ni que hagamos algún tipo de sacrificio. En muchos casos las personas pueden hablar mucho de por qué están a favor o en contra de una guerra y luego seguir con su vida sin verse afectados. No quiere decir que estén ofreciéndose como voluntarios para ser los primeros en la batalla.

No pasa así con un soldado. Los hombres y mujeres alistados rinden sus vidas para apoyar la defensa de un país u otros objetivos militares. Los soldados renuncian a gran parte de su tiempo, comodidad, conveniencia, deseos, libertad y seguridad para servir a un país y su misión. Se colocan bajo la dirección de los líderes de su país, dispuestos a ir adonde se les ordene y a hacer lo que se les ordene como deban hacerlo. Aunque solo pueden confiar en que sus líderes se preocupan por su seguridad y bienestar, ellos siempre esperan que sus líderes actúen para el beneficio de su país. Están dispuestos a participar en cualquier acción militar que sus líderes consideren necesaria para proteger el bienestar de la nación, independientemente del precio. Para una persona que se alista, apoyar una guerra significa nada menos que una renuncia total y completa.

Muchos que profesan ser cristianos ven su fe más bien como teleadictos que comentan de la guerra y no como soldados que entran a la batalla. Apoyan verbalmente el concepto de edificar el reino de Jesús, pero se quedan cortos a la hora de ofrecer un servicio voluntario o siquiera de molestarse por el bien de una misión. No rinden el control de su tiempo, sus metas y sus deseos al Comandante en Jefe. En cierto modo, nunca llegan a la oficina de reclutamiento al punto de rendir sus vidas, sus corazones y sus mentes para el servicio de Cristo.

Pero el llamado a la fe en Jesús no es un llamado a un estilo de vida sedentario de comodidad y complacencia. Es un llamado a una vida activa de servicio a participar en el plan de Dios para rescatar y transformar al mundo. Para vivir una vida así, primero tenemos que rendir nuestras mentes para que sean transformadas de manera que podamos comenzar a pensar, tanto como sea posible, en la manera en que Jesús pensaba. Lo bueno es que no tenemos que lograr todo esto con nuestras propias fuerzas. En cambio, Dios nos dio su Espíritu quien nos da la capacidad para vivir la vida a la que Dios nos llama y para pensar como Jesús piensa.

Tal vez usted nunca antes ha considerado que Jesús desea y espera ser el señor de su manera de pensar. De hecho, la Biblia tiene mucho que decir acerca de nuestras mentes.

EL DISEÑO DE LA MENTE

Dios diseñó y nos dio nuestras mentes, un regalo único para el pináculo de su creación, y junto con ellas, instrucciones escritas en blanco y negro en su Palabra para el cuidado y uso de las mismas. A continuación algunos ejemplos, las cursivas son mías:

• "Amarás al Señor tu Dios con todo tu corazón, y con toda tu alma, y con toda tu mente"(Mateo 22:37).

• "Y amarás al Señor tu Dios con todo tu corazón, y con toda tu alma, y con toda tu mente y con todas tus fuerzas" (Marcos 12:30).

• "Amarás al Señor tu Dios con todo tu corazón, y con toda tu alma, y con todas tus fuerzas, y con toda tu mente" (Lucas 10:27).

• "Entonces les abrió el entendimiento, para que comprendiesen las Escrituras" (Lucas 24:45).

• "Los que viven conforme a la naturaleza pecaminosa fijan la mente en los deseos de tal naturaleza; en cambio, los que viven conforme al Espíritu fijan la mente en los deseos del Espíritu." (Romanos 8:5, NVI).

• "No se amolden al mundo actual, sino sean transformados mediante la renovación de su mente" (Romanos 12:2).

• "Por lo demás, hermanos, todo lo que es verdadero, todo lo honesto, todo lo justo, todo lo puro, todo lo amable, todo

lo que es de buen nombre; si hay virtud alguna, si algo digno de alabanza, en esto pensad" (Filipenses 4:8).

Como puede ver, nuestras mentes están bastante en la mente
de Dios. Tal vez nosotros también debamos prestarle más atención a nuestras mentes.

SEÑOR DE NUESTRA MANERA DE PENSAR

Como cristianos debemos rendir nuestras mentes para que Jesús se convierta en el Señor de nuestra manera de pensar. Ahora
bien, rendir nuestras mentes no significa que dejamos de pensar.
En lo absoluto. Los cristianos pueden y deben estar en las personas
más lógicas, pensantes y curiosas desde el punto de vista intelectual en el mundo. Recuerde que Dios
creó nuestras mentes y él espera que
las usemos lo mejor que podamos.

Tampoco quiere decir que debamos aceptar cualquier idea ni pensamiento que se presente como cristiano
sin cuestionarlos. Hay muchas personas que dicen ser maestros cristianos
cuyas ideas, actitudes y prácticas no
están a la altura de las Escrituras. Y

"Es algo terrible
desperdiciar la mente" ha
sido el lema para la recau-
dación de fondos del United
Negro College Fund durante
más de treinta y cinco años,
y ha llegado hasta la jerga
norteamericana.

parte de lo que sencillamente se acepta en nuestra cultura como
un punto de vista cristiano no concuerda con las enseñanzas de Jesús o está en contra de las mismas. La Biblia enseña a los cristianos
a examinarlo todo y retener lo bueno (1 Tesalonicenses 5:21).

Rendir su mente a Cristo sí implica escoger a Jesús como su
mentor o maestro, confiar en su sabiduría como guía para su vida.
Significa confiar en que su manera de comprender y ver el mundo
es verdadera, precisa y suficiente. Si usted escoge creer lo que Jesús
cree, ordenar su vida según los principios que él enseña y ofrecerle
su vida en servicio, entonces usted está rindiendo su mente a Jesús.

La memoria es una función de la mente y existen dos tipos de recuerdos: recuerdos explícitos, que son hechos y sucesos; y los recuerdos implícitos que nos recuerdan cómo hacer algo. Por ejemplo, las respuestas a las preguntas en un examen de historia son (¡esperemos!) recuerdos explícitos. Los recuerdos implícitos le recuerdan cómo escribir dichas respuestas.

Aprender a pensar como Jesús piensa no pasa en una noche ni durante un fin de semana. Así como los soldados reciben un entrenamiento elemental para prepararlos para el servicio militar, los cristianos deben rendirse al entrenamiento para el servicio en el Reino. La dieta para la renovación de la mente le ayudará a entrenar su mente para participar eficientemente en el servicio a su Rey. En lugar de que cualquier pensamiento o idea que pasen por su mente le persuadan fácilmente, usted aprenderá a seleccionar y a actuar, de forma preventiva, en base a los pensamientos y conductas que fortalezcan su vida en Cristo.

EL ATAQUE A LA MENTE

Así como los soldados se cuidan de aquellos que pudieran atacar sus posiciones, el soldado de Cristo se guardará de los ataques de la mente, ya sea que dichos ataques sean claros o de carácter más insidioso. Estos soldados comprenden, como escribió C. S. Lewis en Mero cristianismo, que cada decisión que tomen afecta su capacidad de proteger su mente y su pensamiento:

> Cada vez que usted tome una decisión está convierto su parte principal, la parte de usted que decide, en algo un tanto diferente de lo que era antes. Y viendo su vida como un todo, con todas las innumerables decisiones que usted tiene, durante toda su vida usted está convirtiendo lentamente esta parte principal o en una criatura celestial o en una criatura infernal; o en una criatura

que está en armonía con Dios y con otras criaturas y consigo misma, o de lo contrario una criatura que está en estado de guerra y odio hacia para con Dios y para con las demás criaturas, y para consigo misma.[1]

Aquello en lo que pensamos es en lo que nos hemos convertido. Lamentablemente, muchos de nosotros no prestamos atención a esta verdad y de manera negligente ingerimos contenido dañino para nuestras mentes lo que inevitablemente produce una miríada de pensamientos y actitudes malsanas que a la larga se vuelven conductas.

Por ejemplo, a pesar de que sabemos que no somos el auto que manejamos, hemos permitido que los mercaderes y publicistas entren a nuestros hogares y a nuestras mentes, y ellos nos han convencido de lo contrario. ¿Cuántas personas conoce (tal vez usted sea una de ellas) que manejan autos que no están a su alcance solo por la manera en que eso los hace sentirse o ver? Han cambiado la salud financiera por una imagen de prosperidad.

> Blurb Los imperios del futuro son los imperios de la mente.
> — Sir Winston Churchill

Este es otro ejemplo. ¿Cuál es la manera mejor y más saludable para bajar de peso? Comer menos (y mejor) y hacer más ejercicios, ¿no es cierto? Claro. Sin embargo, la industria dietética hizo alrededor de cincuenta y cinco mil millones de dólares en 2006 y se espera que sobrepase los sesenta mil millones de dólares en 2008.[2] A pesar de que sabemos lo que se necesita para bajar de peso, dejamos que la industria publicitaria nos convenza de que la última pastilla o el próximo plan serán la panacea que hemos estado esperando. Cambiamos una vida con sentido común por metodologías no comprobadas, muchas de las cuales pueden acabar haciendo más mal que bien.

Entonces, ¿cómo pasamos de aceptar y actuar de manera inconsciente en base a cualquier idea o pensamiento que se nos bombardee a escoger, con iniciativa, lo que vamos a creer y cómo vamos a actuar? Tenemos que hacer una dieta para nuestros pensamientos.

COMBUSTIBLE PARA LA MENTE

El hecho es que su mente, al igual que un automóvil, necesita combustible para funcionar. Si usted llena el tanque con gasolina de mayor calidad, este funcionará mejor. De la misma manera, su mente funcionará mejor cuando usted la llene con combustible de calidad superior. Y cuando se trata de su mente, le puedo garantizar que usted podrá permitirse las cosas mejores.

O, compárelo con su cuerpo. ¿Se acuerda cuando estaba en la escuela primaria y aprendió acerca de la pirámide alimenticia que le sirve de guía para una alimentación saludable? Quizá aprendió sobre cuatro grupos principales o sobre cinco. ¡Ahora el Ministerio de Agricultura de los Estados Unidos dice que son seis! Estos son: granos, vegetales, frutas, aceites, leche, y carne y frijoles.[3]

Dios diseñó nuestros cuerpos para que dependieran de porciones saludables de diversos alimentos. No fuimos hechos para vivir de una dieta estricta de hamburguesas enormes y papas fritas. No es que estas cosas sean malas intrínsecamente, son buenas de vez en cuando. Sin embargo, si usted solo come basura, acabará con un cuerpo hecho basura.

Es asombroso que su mente funcione bajo el mismo principio que su cuerpo. Lo que entre será lo que salga. Nuestras mentes son bombardeadas con tanta basura, parte de ella inevitable, otra parte nosotros la aceptamos, que se vuelven desordenadas y abrumadas, y nuestros pensamientos se vuelven nublados y distorsionados. ¿Qué es peor que tener un cuerpo lleno de basura? ¡Tener una mente llena de basura!

Para tener mentes saludables debemos tener pensamientos saludables. Así como la salud de nuestros cuerpos depende en parte del contenido alimenticio que consumimos, el buen estado de nuestra mente está en relación directa con la buena salud de las ideas que abrazamos.

Pero, ¿Cómo podemos saber la diferencia entre pensamientos saludables y dañinos? ¿Qué timos de pensamientos están en la pirámide alimenticia aprobada? Recuerde el pasaje que cité anteriormente, Filipenses 4:8: "todo lo que es verdadero, todo lo honesto, todo lo justo, todo lo puro, todo lo amable, todo lo que es de buen nombre; si hay virtud alguna, si algo digno de alabanza, en esto pensad." Ahí están sus grupos alimenticios para una mente saludable.

Por supuesto, Filipenses 4:8 es fácil de citar, pero no es tan fácil ponerlo en práctica. Nuestras mentes tienden a estar tan llenas que es un desafío buscar y destruir todos los pensamientos que no cumplan con la norma de

Filipenses 4:8, y es todavía más difícil prevenir primero que entren a nuestras mentes. Insisto, la clave para ganar el control de su mente es en primer lugar rendir el control de su mente, corazón y cuerpo, entregarlo al Comandante en Jefe supremo, a Jesús. Hablaremos más de eso luego de una presentación importante.

CONOZCA A JAKE

Mientras viajamos juntos a través de los diferentes ejercicios que implica renovar su mente, usted conocerá de una persona que he creado para que viaje junto con nosotros. No es una persona real, sino más bien un conglomerado de personas, una colección de experiencias con la renovación de la mente. Le llamaremos Jake.

Jake tiene una vida bastante buena. Tiene una esposa a quien ama y dos niños que son el deleite de sus ojos, para usar una frase bíblica. Él no es rico, pero no es pobre. Tiene un trabajo que paga las cuentas y cubre la hipoteca, que pone comida en la mesa y les permite ir de vacaciones de vez en cuando. Cada día por la mañana, de camino al trabajo, se compra una taza grande de café con crema; a menudo se reúne con su esposa e hijos para almorzar en el sitio italiano que está cerca de su oficina, o en Taco Bell, dependiendo de cuán cerca esté el día del pago, Taco Bell.

En su tiempo libre a Jake le gusta leer una novela que ha sido éxito de ventas o ir al cine para ver alguna película que sea popular en el momento. Tiene algunos programas de televisión favoritos, incluyendo las noticias, los que usualmente ve con su esposa luego de que los niños se vayan a la cama. Durante los fines de semana ve muchos deportes y también DVD, pero no tanto como para que interfiera con el tiempo de su familia. Cuando maneja escucha música o programas radiales, y cuando está en el trabajo, fundamentalmente trabaja pero de vez en cuando disfruta el correo electrónico que le envió un amigo y lee algo en sus sitios web favoritos.

Jake y su familia asisten a una iglesia próspera y allí tienen muchos amigos y conocidos. Él canta a voces durante la alabanza y toma notas del sermón, aunque a veces su mente divaga cuando el pastor predica. Sonríe y estrecha las manos en el momento de los saludos y mira a los ojos de las personas cuando conversa con ellas.

Pero, aquí está el truco, Jake todavía se siente un poco vacío y en una especie de letargo espiritual, como si llevara un exceso de equipaje en su alma. Él cree que es cristiano, pero no ve mucha evidencia del poder de Dios transformando su vida. Aunque trata de leer su Biblia (algunas veces), realmente no la entiende ni tiene el tiempo (le parece a él) para comprenderla. Está bastante seguro de que ama a Dios y (a la mayoría) del pueblo de Dios pero en realidad no está sirviéndoles ni a ellos ni a otros de una manera que pueda ver. Como alguien que ha acumulado demasiado alrededor de su cintura, Jake tiene una mente pasada de peso que se permite demasiada comida basura y muy poco alimento espiritual.

¿Qué puede hacer un hombre como Jake para sacudirse de su espíritu aletargado? Él necesita una dieta para renovar su mente. Pero, como con cualquier otra dieta, una dieta de pensamientos solo ayudará si Jake se compromete totalmente con ella. Una dieta nutritiva no funcionará si no nos comprometemos a comer los alimentos adecuados y una dieta para renovar la mente no funcionará si no nos comprometemos a pensar en lo correcto.

Lo que Jake realmente necesita, al igual que todos nosotros, es aprender a pensar de manera correcta (lo que entonces produce una conducta correcta) al comprometer su corazón y su mente con la justicia. Jesús lo dejó claro en Mateo 15:19 que nuestros corazones, cuando los dejamos por su cuenta, son la fuente de la impiedad en nuestras vidas. Es por eso que el primer paso de la dieta para la renovación de la mente es una entrega completa de la mente y el corazón a Aquel que fue quien los creó.

No quiero decir que Jake tiene que ser perfecto. Ni usted tampoco. Ni yo tampoco. Ese es el punto más importante de la salvación, y vivir una vida rendida a Dios, somos gente imperfecta que necesita ayuda. Sea honesto consigo mismo, no trate de mostrar una cara feliz en sus días malos. Si usted está solo, enojado o desanimado, reconózcalo con honestidad y luego entregue sus sentimientos y circunstancias a Dios para que le ayude a vencerlos. Pero para vivir con mentes saludables debemos tener corazones espirituales saludables, y para hacer eso, tenemos que entregar el dominio de nuestros corazones. Tenemos que dar ese dominio a nuestro Creador.

Dar un paso semejante es algo que va extraordinariamente en contra de la cultura. En nuestra cultura es un dogma casi inapelable que tenemos el derecho de hacer lo que nos parezca siempre y cuando no viole los derecho de otra persona. Si se siente bien, hágalo, ese es el mensaje subyacente que recibimos de una manera casi constante. Como nos enseñó el poeta William Earnest: somos los amos de nuestro destino, los capitanes de nuestra alma. Rendir nuestros corazones y mentes al control de otro, incluso a nuestro Creador, va en contra de casi todos los mensajes que nos bombardean en nuestra cultura. Y sí, es exactamente el paso que todos necesitamos dar para ganar control de nuestras mentes, y por tanto, de nuestras vidas.

A estas alturas de su vida, Jake se ha apoderado del control de su corazón. Quizá se lo rindió a Dios hace tiempo, pero ya no le está permitiendo a Dios cambiarlo. Él ha retomado el control de su corazón y esto tiene un impacto negativo en su mente. Para romper con su letargo espiritual, Jake tiene que volver a entregar el control de su corazón. Él necesita rendir su corazón a Dios día tras día, hora tras hora, minuto tras minuto, e invitar al Señor a que impregne su corazón con la presencia de Dios.

UNA AGRADABLE RENDICIÓN

En una dieta física necesitamos renunciar al control de lo que comemos y rendir nuestros deseos de comer basura a cambio de alimentos que nutran nuestros cuerpos. Debemos cuidar de nuestros cuerpos de la manera en que Dios lo planeó, alimentándolos con los tipos de alimentos que él diseñó para el consumo. Lo mismo se cumple en una dieta para renovar su mente. Cuando empezamos una dieta para renovar la mente, el primer paso es entregar el control de lo que pensamos y rendir nuestro deseo de consumir alimentos dañinos para la mente a favor de aquello que es agradable a Dios. Los pensamientos dañinos provienen del corazón, lo cual significa que también debemos entregar el control de nuestros corazones a Dios. Si usted todavía está aferrado a ese control, necesita entregarlo al Hacedor de su mente, su cuerpo y su corazón.

¿Cómo lo hace? Simplemente tome la decisión y luego invite a Dios a transformar su corazón al decir una sencilla oración. Incluso si usted ha hecho una oración similar antes, hacerla de nuevo es una manera excelente de recordarse a sí mismo de quién es hijo y de reafirmar que usted quiere que Dios se haga cargo de su vida, y eso incluye su corazón y su mente. Pídale que le cambie de adentro hacia afuera. Ore para que Dios le ayude a rendirle el control de su corazón, y por lo tanto, de su mente. Esto no solo es el primer paso para tener una mente saludable sino que es lo más importante que usted puede hacer en su vida.

- *Reconozca que ha pecado.* "Por cuanto todos pecaron, y están destituidos de la gloria de Dios" (Romanos 3:23).

- *Crea que Jesucristo murió por usted.* "Mas a todos los que le recibieron, a los que creen en su nombre, les dio potestad de ser hechos hijos de Dios" (Juan 1:12).

- *Confiese que Jesucristo es el Señor de su vida.* "Si confesares con tu boca que Jesús es el Señor, y creyeres en tu corazón que Dios le levantó de los muertos, serás salvo. Porque con el corazón se cree para justicia, pero con la boca se confiesa para salvación". (Romanos 10:9-10).

Amado Señor Jesús: Yo sé que soy pecador. Creo que moriste por mis pecados y que resucitaste de los muertos. Ahora me arrepiento de mis pecados y te invito a que vengas y transformes mi corazón y mi vida. Te recibo como mi Salvador personal y te sigo como mi Señor. Amén.

Jake se puso en pie y sentía que era un hombre nuevo. Él sabía que Dios había escuchado su oración y sabía que realmente quería que Dios se hiciera cargo nuevamente de su vida. Esta oración fue solo un primer paso, pero Jake estaba seguro de que era un paso en la dirección correcta.

En la sección Aplicación usted encontrará una serie de ejercicios que le ayudarán a comenzar a rendir su corazón y su mente a Jesús, así como a prepararse para el próximo ejercicio de la dieta para la renovación de la mente: desintoxicar su mente.

APLICACIÓN

Ahora realice estos cinco ejercicios para aplicar lo que aprendió en este capítulo.

1. Al comenzar esta dieta tan singular tome algún tiempo para considerar seriamente lo que usted espera lograr a lo largo del proceso. Escriba o anote en un diario sus respuestas a las preguntas siguientes:

¿Qué cambios espera usted ver en su vida? ¿Qué resultados prevé experimentar? ¿Qué haría que la dieta para la renovación de la mente sea un éxito para usted?

2. Al establecerse metas es saludable hacer que estas sean tan específicas y mensurables como sea posible. Al escribirlas usted puede responder a la pregunta: "¿Cómo sabré sin lugar a dudas que he logrado esta meta?" Luego de considerar lo que usted espera lograr mediante el proceso de renovación de la mente, escriba algunas metas específicas y mensurables que se quiera trazar. Más adelante puede usarlas para evaluar las diferencias que la dieta para la renovación de la mente está marcando en su vida.

3. Cuando no nos estamos desempeñando muy bien en una esfera particular de nuestra vida, a menudo podemos encontrar la raíz en un problema de conocimiento, deseo o recursos: No sé lo suficiente como para hacerlo bien, no me interesa lo suficiente como para hacerlo bien, o, no tengo todo lo que necesito para hacerlo bien. En ocasiones es una combinación de dos o tres de los factores. Lleve una lista privada de cada una de las luchas de su mente durante esta semana. En cada caso, observe si se trata de un asuntote conocimiento, deseo o recursos.

4. A medida que pase por este proceso usted aprenderá mucho más sobre las ideas dañinas que bombar-

dean nuestras mentes, provenientes de diversas fuentes. Antes de seguir adelante, tómese un tiempo para identificar las fuentes de ideas dañinas más comunes en su propia vida.

5. Escoja uno de los versículos bíblicos de la sección Una mente diseñada y memorícelo. (¡Claro que usted puede!)

EJERCICIO
NÚMERO 2

Desintoxique
su mente

ENFOQUE

elimine la

comida chatarra

de su consumo

diario

A mí me encanta la comida basura. Deme una bolsa de Cheetos o de nachos y un tazón con M & M's con una Coca Cola de dieta y soy feliz (especialmente si el equipo Sooners de Oklahoma está jugando fútbol americano en la televisión).

Muchas dietas comienzan con un período de desintoxicación. Por lo general es un período de abstención de la comida basura o de otros tipos de hábitos alimentarios dañinos. También puede ser un período de limpieza, de consumir más de los alimentos adecuados, especialmente aquellos que pueden limpiar su sistema digestivo. La idea es que usted pueda comenzar de nuevo con un fundamento saludable.

Del mismo modo, la segunda etapa en la dieta para la renovación de la mente es desintoxicar su mente, purificarla, limpiarla de la basura que tan fácilmente se acumula debido a nuestra cultura y a nuestros propios pensamientos. No es fácil, pero es vital para el éxito en permitir que Jesús domine su mente. Y con un poco de dirección, esfuerzo, y ayuda del Espíritu Santo, usted podrá poner este ejercicio en práctica sin ningún problema.

¿POR QUÉ DESINTOXICARSE?

Existen dos razones por las cuales la desintoxicación es necesaria y útil en ocasiones. Una es sencillamente el volumen de información que ataca a nuestra mente cada día. Aunque en todas las épocas las personas han buscado maneras de recopilar información, de comunicarse con otros y de entretenerse, nunca antes ninguna cultura en la historia del universo ha estado tan saturada de imágenes y sonidos como la cultura en la que vivimos hoy. Se nos bombardea desde tantos ángulos y a tal velocidad que es literalmente imposible para nosotros procesar cada uno y considerarlo por separado. Sencillamente no conocemos los efectos a largo plazo de semejante exceso de estimulación a nuestros sentidos, pero no hay dudas de que esto implica consecuencias negativas en cuanto a nuestra salud espiritual y emocional.

¿Alguna vez ha considerado usted desintoxicarse de refrescos gaseosos? Tal vez estos intrigantes usos de la cola lo convenzan.

1. Enjuague el pelo teñido con una lata de cola para aclarar el color.
2. Limpie las monedas corroídas sumergiéndolas en cola.
3. Limpie la lechada de las losas con cola.
4. Para quitarle el olor a la ropa de pescar, lávela con cola.
5. Para quitar las manchas de aceite en su rampa de entrada, vierta una lata de cola sobre las manchas, déjela unos minutos y luego lave con la manguera.
6. Para tener un césped verde sin insectos, combine una lata de cola, una taza de amoníaco y ¼ de taza de detergente para lavar platos. Rocíelo sobre su patio una vez al mes.

¿Por qué tomarla cuando tiene otros tantos usos beneficiosos?

El otro motivo por el cual la desintoxicación es necesaria es debido al contenido dañino de todos esos mensajes sensoriales que recibimos a diario. La mayoría no está a la altura de la norma de Filipenses 4:8. De hecho, muchos de los mensajes con los que se nos bombardea constantemente son completamente deprimentes, humillantes o destructivos. Si se les da rienda suelta, pueden dañar nuestras almas. Lo que experimentamos a través de nuestros sentidos: imágenes, palabras, sonidos, música, se queda con nosotros durante mucho tiempo y cuando nuestros sentidos reciben mensajes impuros y dañinos, los efectos residuales pueden ser bastante destructivos. Necesitamos desintoxicarnos para que el Espíritu pueda purgarnos de toda esa basura persistente que ha manchado nuestras mentes. Aunque puede que no sea posible para usted librar por completo a su sistema de cada pensamiento dañino, sí puede experimentar un éxito tremendo en llevar esos pensamientos cautivos e impedir que afecten su vida de manera negativa.

Eliminar los malos recuerdos completamente no es en realidad una meta del proceso para renovar la mente ya que eso es un esfuerzo inútil. Lo único que se necesita es controlar y contener esos pensamientos negativos para que no puedan seguir haciéndole daño. Al hacerlo, usted está eliminando el desorden de su mente de manera que los pensamientos e ideas positivas y saludables puedan abrirse paso en su mente y quedarse ahí.

ATAQUE FRONTAL

Este ataque cotidiano a nuestras mentes proviene de dos frentes diferentes: un frente externo y un frente interno. El frente externo es la cultura y el medioambiente en que vivimos. Los científicos de campos muy diversos han estudiado los efectos que tal sobrecarga sensorial tiene en el cerebro, en la conducta y en la personalidad. A continuación algunos de sus descubrimientos con respecto a la música y la televisión en particular.

> [La música repetitiva] hace que una persona o entre en un estado de pensamiento subconsciente o en un estado de enojo. El Dr. Michael Ballarn prosigue diciendo que "la mente humana se bloquea luego de tres o cuatro repeticiones de un ritmo, una melodía o una progresión armónica". Además, la repetición excesiva hace que las personas liberen el control de sus pensamientos. La repetición rítmica la utilizan personas que están tratando de imponer cierta ética en su música.[1]

En 2003, Craig Anderson y Nicholas Camagey, su colega de la Universidad Estatal de Iowa, y Janie Eubanks del Ministerio de Servicios Sociales de Texas, informaron que la música violenta aumentó los pensamientos agresivos y los sentimientos hostiles en quinientos estudiantes universitarios. Ellos concluyeron que: "Ahora existen buenas razones teóricas y empíricas para esperar que los efectos de las letras de las canciones en la conducta agresiva sean similares a los muy bien estudiados efectos de exponerse a la violencia en la televisión y las películas, y de las investigaciones más recientes con relación a los juegos violentos de video".

Entonces, ¿cuáles son esos efectos muy estudiados?

George Gerbner ha realizado el estudio más largo sobre la violencia en la televisión. Su influyente investigación sugiere que aquellas personas que ven mucha televisión tienden a percibir el mundo de maneras que concuerden con las imágenes que ven en la televisión. Ya que las percepciones que los televidentes tienen del mundo llegan a conformarse a las representaciones que ven en la televisión, se vuelven más pasivos, más ansiosos y más temerosos. A esto Gerbner lo denomina "el síndrome del mundo malo".

La investigación de Gerbner descubrió que aquellos que ven mucha televisión son más propensos a:

- sobrestimar su riesgo de ser víctimas de un delito

- creer que sus vecinos no están seguros

- creer que "el temor a un delito es un problema personal muy serio"

- suponer que el índice de criminalidad está aumentado, incluso cuando no es así.[2]

Es muy probable que usted ya sepa que ver programas televisivos violentos y escuchar música frenética no es la mejor manera de relajarse luego de un día difícil, pero, ¿sabía usted que hacerlo tal vez pudiera volverle paranoico? Bueno, y entonces ¿qué tal ver una comedia o incluso las noticias? Esto es lo que sucede cuando usted ve televisión, según un boletín informativo de medicina alternativa:

> Mientras más tiempo una persona ve televisión, más fácil el cerebro cae en nivel alfa, un impulso eléctrico cerebral lento y continuo en el que la mente está en su modo más receptivo. Las imágenes y las sugerencias se implantan de forma directa en la mente sin participación del televidente. Se induce una hipnosis eficaz y el televidente se rinde a la interminable corriente de imágenes televisivas.

> Las imágenes televisivas están apiñadas en una co-

rriente de información continua, dividen su atención al tiempo que condensan y aceleran el tiempo. Estos sucesos no ocurrirían en la vida cotidiana. Son alteraciones técnicas que solo se hacen posibles en los medios de comunicación con imágenes en movimiento. Al vivir en el mundo rápido de las imágenes televisivas, la vida cotidiana parece aburrida, y a menudo, demasiado lenta.[3]

El volumen de información que entra a nuestros cerebros en una semana al comienzo del siglo veintiuno es más que lo que una persona recibía durante toda su vida al comienzo del siglo veinte.

Pero tal vez lento es algo bueno.

Además de la televisión, las películas, los periódicos y el Internet, no nos olvidemos del correo electrónico, los teléfonos celulares, y la mensajería instantánea y de textos, todo ello contribuye grandemente a la sobrecarga de información.

Ya que las personas enfrentan niveles crecientes de sobrecarga de información, la incapacidad de tomar decisiones claras y acertadas puede aumentar sus niveles de estrés.

Un artículo de la revista New Scientist afirmaba que exponer a las personas a un ambiente sobrecargado de información dio como resultado índices inferiores de su coeficiente de inteligencia que exponerlas a la marihuana, aunque estos resultados se han refutado.[4]

Según algunos psicólogos e investigadores, el "smog de datos" que nos ahoga cada día pudiera estarnos enfermando ya que interfiere con nuestro sueño, sabotea nuestra concentración y socava nuestro sistema inmunológico. El Dr. David Lewis, un psicólogo británico, denomina esta afección como el síndrome de la sobrecarga de información.

En el peor de los casos, la sobrecarga puede conducir a la indigestión, problemas del corazón e hipertensión, según sugieren los estudios que hizo Lewis en ejecutivos de negocios. En su for-

La mensajería instantánea (IM) es otra distracción en potencia para las actividades importantes que requieren una concentración ininterrumpida. Para lograr un verdadero progreso en el pensamiento creativo, en la solución de los problemas o en otro tipo de trabajo en torno al conocimiento, necesitamos concentrarnos en las prioridades y que la interferencia sea mínima. Con la mensajería instantánea usted le da permiso para interrumpir a cualquiera que sepa cuál es su nombre de usuario.

ma más benigna, genera irritabilidad y pone en peligro la productividad en el trabajo.

Lewis ha encontrado problemas similares en los grupos de sondeo que él ha realizado con otros gerentes, analistas financieros y trabajadores de la información. Cuando se les inunda con datos, ellos cometen más errores, malentienden a los demás y contestan más a sus compañeros de trabajo y a los clientes. El resultado puede ser conclusiones deficientes y decisiones insensatas que tienen el potencial de producir grandes pérdidas financieras para las empresas.[5]

Está claro que la sobrecarga de información nos puede afectar de manera negativa en todos los aspectos de la vida. Eso no quiere decir que todos los medios de comunicación sean malos ni que los medios no tengan algún valor positivo ni que los cristianos nunca deban participar de los mismos. De hecho, algunos pudieran ser necesarios. Tal vez usted necesite leer detenidamente el periódico The Wall Street Journal todos los días porque es parte de su trabajo. Tal vez usted le sienta de maravillas escuchar discos instructivos de camino al mercado. Quizá usted es crítico de televisión para una revista de entretenimiento y por lo tanto tiene que ver cada nuevo programa que se transmite por la pequeña pantalla. Cuando su profesión requiera que usted esté grandemente involucrado con los medios, es crucial que esté consciente de cómo estos pueden afectarle y que tome las medidas adecuadas para proteger su mente y su corazón.

Sin embargo, la mayoría de las personas, independientemente de cuánto le gusten los medios que consumen, no les hace falta necesariamente la gran parte de lo que ingieren. Pudiera parecer que sí, pero tal y como usted no necesita el postre en cada comida, es muy probable que usted subsista consumiendo muchos menos medios de los que consume actualmente.

LA MENTE DESPROTEGIDA

Además de fuentes externas como la televisión, la radio, los libros y el Internet, su mente recibe alimentación también de una fuente interna, es decir, su corazón. Aunque el ataque externo a nuestras mentes puede ser difícil de detectar, los ataques internos son todavía más insidiosos. Cada vez que usted abre la puerta de su mente y la deja salir a pastar, ¿de qué le permite alimentarse? ¿Permite que el temor por la seguridad de sus hijos se le imponga? ¿Mantiene puro sus actos pero deja que su mente codicie a una persona imaginaria? ¿Se preocupa por la ruina financiera al punto de permitir que consuma cada pensamiento que requiera concentración?

Una de las causas principales del letargo espiritual es cuando permitimos a nuestras mentes vagar sin rumbo. La mayoría de las veces nuestras mentes se detienen en pensamientos o ideas que son destructivos en potencia. Además de manejar la amenaza externa que constituyen los diversos medios, desintoxicar su mente también requiere acorralar esa parte de su mente que vaga y guiarla a pastos más saludables donde gobierna la norma de Filipenses 4:8.

Aunque limitar su consumo sensorial externo es un procedimiento bastante sencillo, su consumo mental y emocional es mucho más complicado de manejar. Tal vez sea por eso que muchos de nosotros permitimos que nuestras mentes vaguen libremente por dondequiera que ellas decidan.

Lamentablemente, este tipo de kilometraje mental es el mayor contribuyente a nuestro letargo espiritual, y por lo tanto la depuración es crucial durante la etapa de desintoxicación en la dieta para la renovación de la mente. De hecho, es tan importante que la Biblia usa un lenguaje de guerra cuando habla de esto en 2 Corintios 10:3-5:

> Pues aunque andamos en la carne, no militamos según la carne; porque las armas de nuestra milicia no son carnales, sino poderosas en Dios para la destrucción de fortalezas, derribando argumentos y toda altivez que se levanta contra el conocimiento de Dios, y llevando cautivo todo pensamiento a la obediencia a Cristo.

RETENGA ESE PENSAMIENTO

El norteamericano promedio se expone a unos tres mil mensajes de publicidad al día y a nivel mundial las corporaciones gastan más de seiscientos veinte mil millones de dólares cada año para hacer que sus productos parezcan deseables y lograr que los compremos.

— Michael Broker y Warren Leon

Hay algo poderoso en la idea de llevar cautivo cada pensamiento. ¿Quién lo hace? Sin dudas eso no lo enseñan en la televisión ni en la radio. Rara vez usted escucha a alguien hablar en público de controlar sus pensamientos.

Y no obstante, eso es lo que la Biblia nos instruye que hagamos. ¿Por qué? Porque nuestros corazones están corruptos y alimentan nuestra mente con pensamientos erróneos a cada momento. Así que dependen de nosotros, mediante el poder del Espíritu Santo, garantizar que filtremos los pensamientos que entran a nuestras mentes y que saquemos los negativos que ya están dentro.

A menudo los cristianos se ponen ansiosos por los pensamientos breves que surgen en sus mentes sin aviso ninguno. Se pregunta cómo es posible que hayan tenido una idea semejante. Comienzan a sentirse culpables y sucios, como si la experiencia del pensamiento en sí fuera un pecado. El hecho es que, en la mayoría de los casos, no podemos impedir que un pensamiento específico entre a nuestra mente. Lo único que podemos hacer es manejarlo una vez que esté ahí. Si es un pensamiento negativo, pecaminoso y destruc-

Una búsqueda en Google de *sobrecarga de información* mostró más de dos millones de resultados.

tivo, podemos tomar medidas drásticas contra él, rechazarlo y sacarlo de nuestras mentes. Si es un pensamiento positivo, santo y productivo, podemos tomar medidas, meditar en el mismo y aplicarlo a nuestras vidas. El pecado no se produce cuando tenemos un pensamiento fugaz sino cuando pensamos demasiado en una idea pecaminosa en lugar de sacarla.

Por otro lado, si usted se da cuenta de que los pensamientos pecaminosos están saltando continuamente en su mente, de manera que un patrón de pensamiento está comenzando a desarrollarse, es probable que usted esté invitando tales pensamientos a su vida de una manera u otra, mediante el material que lee, lo que ve, en lo que está pensando o a través del ambiente al que usted se está exponiendo. Cuando esto sucede ha llegado el momento de proteger su corazón al eliminar los estímulos, cuando sea posible, o lidiar con el mismo mediante la oración y la rendición de cuentas (ambas cosas se tratan más adelante en este libro).

¿Cómo sabemos qué pensamientos son adecuados para los cristianos y cuáles debemos expulsar como si fueran un virus? Otra vez encontramos la respuesta en Filipenses 4:8: "todo lo que es verdadero, todo lo honesto, todo lo justo, todo lo puro, todo lo amable, todo lo que es de buen nombre; si hay virtud alguna, si algo digno de alabanza, en esto pensad".

Al disponernos a desintoxicar nuestras mentes, debemos ponerlas en modo de captura. Si nuestras mentes comienzan a deambular por un territorio más allá de Filipenses 4:8, independientemente de por qué comenzó a ir en esa dirección, podemos ponerla en atención y llamar al orden.

UN AYUNO DE MEDIOS DE COMUNICACIÓN

Ahora que hemos aprendido el método de captura de pensamientos para desintoxicar nuestras mentes de ataques internos, ¿cómo podemos comenzar a manejar nuestro consumo sensorial externo? Para empezar usted puede hacer un ayuno de medios de comunicación. Reduzca en gran medida la cantidad de datos que consume, y con el tiempo que ahorre, renueve su enfoque en el Creador de su mente. Apague el televisor durante un período de tiempo prolongado. En lugar de escuchar la radio en su auto mientras maneja hacia el trabajo, ore (hablaremos más de esto posteriormente). Use el Internet con moderación, solo lo necesario para su trabajo.

Si usted lleva un diario, por favor mantenga su productividad pero evite volver a leer anotaciones pasadas y recalentar problemas con lo que luchó en el pasado. Limite su lectura a la Biblia y textos edificantes relacionados con la misma. Eche el periódico matutino en el cesto para el reciclaje a menos que lo necesite para su trabajo.

Déle un descanso a su iPod. Si siente que debe escuchar música, escoja piezas que concentren su atención en Dios, de cualquier manera que usted lo experimente musicalmente. (¿Es mediante la música normal de adoración? ¿La música instrumental? ¿Las sinfonías clásicas?)

No es necesario cortar toda la comunicación con el mundo exterior. Al contrario, a Dios le interesan las personas más que ninguna otra cosa, así que, a toda costa, mantenga la comunicación con sus compañeros de trabajo, solo trate de mantener las conversaciones enfocadas y libres de insignificancias o de charlas insustanciales. Haga que al conversar con las personas sus palabras sean de peso. No necesita predicarles y no necesita eludir las conversaciones triviales, solo sea sabio en lo que dice. Si ve una oportunidad para decir algo de peso en la conversación, hágalo.

Si usted se siente sumamente motivado, considere la disciplina espiritual del silencio: estar completamente callado, sin música, sin hablar, etc., como una manera de buscar a Dios y de profundizar su relación con él. Pruébelo durante un tiempo corto (¿una hora? ¿Quince minutos?). Según el Espíritu Santo le capacite, prolongue ese tiempo y vea lo que Dios pudiera estar tratando de decirle.

¿Cuánto tiempo debe durar este proceso de desintoxicación? ¿Cuánto tiempo debe usted sostener este ayuno de los medios de comunicación? La fase uno de la dieta para la renovación de la mente está diseñada para que sea un proceso de una semana y por lo tanto, yo sugeriría que usted considerara ayunar de los medios al menos durante siete días. Sin embargo, no existe una directriz absoluta acerca de cuánto debe durar un ayuno de los medios, nada que aplique a todos por igual. Mientras más pensamientos equivocados usted tenga, mayor es su sobrepeso espiritual, más largo deberá ser su ayuno. Algunos pudieran necesitar no más de una semana; por otra parte, algunos se han extendido hasta seis semanas con este tipo de ayuno.

Ore. Busque la ayuda de Dios en este aspecto. Quizá descubra que quiere extenderse más de lo que había planeado. Y no se preocupe porque se perderá noticias importantes, si es realmente importante, aquellos que le rodean lo pondrán al día.

Echémosle un último vistazo a los elementos de la desintoxicación antes de ver cómo Jake está aplicando este paso.

- Lleve cautivos sus pensamientos.

- Haga un ayuno de los medios de comunicación: no TV, Internet, radio, películas, etc.

- Mantenga la lectura al mínimo y que sea bíblica.

- Lleve un diario.

- Interactúe con otros, lo que más le importa a Dios son las personas.

- Considere el silencio.

EL PROGRESO DE JAKE

Y ahora, Jake. Jake tenía dudas con respecto a esta parte de la dieta para la renovación de la mente, especialmente cuando comprendió que no podría ver deporte los fines de semana. Él jugueteó con la idea de comenzar su desintoxicación el lunes y terminarla el sábado por la mañana, justo a tiempo para el juego de fútbol universitario del día. Pero lo pensó mejor y decidió que tal vez, solo tal vez, ya que él estaba tan dedicado a ver sus deportes, que ese era el aspecto en que él necesitaba desintoxicarse más.

Ya que Jake estaba tan interesado en los deportes, se acordó de los días de entrenamiento doble que solía hacer cuando estaba en el equipo de fútbol americano de la secundaria. Al final de las vacaciones de verano, cuando el equipo se reunía para comenzar a entrenar para la nueva temporada, practicaban dos veces al día durante un par de semanas. Un entrenamiento duro en la mañana, un receso para el almuerzo y algo de recuperación, y luego de vuelta al entrenamiento en la tarde. Fundamentalmente, resistió a base de agua y determinación.

Sin embargo, el entrenamiento doble valía la pena. Solo duraba un tiempo, pero unía al equipo y los ayudaba a preparar sus cuerpos para despojarse del óxido del verano y ponerlos en forma para el juego de manera que pudieran competir. Pensó en aquel riguroso régimen de entrenamiento y comprendió que tendría que asumir la misma mentalidad para la desintoxicación: iba ser difícil, pero a la larga valdría la pena.

Así que Jake se metió de lleno y se comprometió a una desintoxicación de dos semanas. Le comunicó a su esposa sus planes y ella decidió desintoxicarse junto con él, solo para ayudar y tal vez para restaurar buenos pensamientos en su propia mente también. Comenzaron un lunes por la noche y lo primero que sacrificaron fue la comedia que veían ritualmente antes de irse a dormir. En cambio hablaron sobre sus hijos y soñaron un poco sobre cómo sería la vida cuando se convirtieran en abuelos.

El segundo día Jake se preocupó un poco de camino al trabajo. Estaba acostumbrado a escuchar un programa radial sobre deportes o a la emisora cristiana local, así que no estaba acostumbrado a escucharse pensar a sí mismo. Su mente comenzó a convertirse en un lugar temeroso, se preocupaba de manera muy poco realista porque lo despidieran de su trabajo y por lo tanto quedara en la calle junto con su familia. Su corazón comenzó a latir tan rápido como su imaginación. Ya casi estaba en el trabajo cuando se dio cuenta de lo que estaba haciendo. Rápidamente puso freno a esos pensamientos y oró. Decidió que la próxima vez tomaría medidas más rápido. Mientras oraba por la paz en su corazón y la provisión para su familia, el temor comenzó a derretirse y su ritmo cardíaco disminuyó a normal.

16 de noviembre de 2006 ●
El estudiante de dieciséis años, Ang Chuang Yang, de Singapur, se ha ganado un lugar en el libro de los récords gracias a la rapidez de sus pulgares.
Yang escribió un mensaje de texto con 160 caracteres en solo 41.52 segundos, eso batió el récord anterior por siete décimas de segundo.
Cada récord se establece al escribir un texto estándar que escoge Guinness World Records, la organización a la que se presenta el récord. El mensaje dice así: "Las pirañas de dientes de cuchilla del género Serrasalmus y Pygocentrus son los peces de agua dulce más feroces en el mundo. En realidad pocas veces atacan a un humano".

Entonces comenzó a preguntarse qué debía decirle a la gente en el trabajo si le preguntaban por el gran juego que habría el fin de semana y dónde lo iba a ver. Dichos temas eran comunes y él no quería mentir, pero tampoco quería hacer un lío de su ayuno de los medios para desintoxicarse.

Jake recordó las palabras de Mateo 6:16-18, y le pareció que estas se aplicaban a esta porción inicial del ayuno de los medios en su dieta para la renovación de la mente:

> Cuando ayunéis, no seáis austeros, como los hipócritas; porque ellos demudan sus rostros para mostrar a los hombres que ayunan; de cierto os digo que ya tienen su recompensa. Pero tú, cuando ayunes, unge tu cabeza y lava tu rostro, para no mostrar a los hombres que ayunas, sino a tu Padre que está en secreto; y tu Padre que ve en lo secreto te recompensará en público.

Sí, esas palabras se aplicaban al ayuno regular de las comidas, pero sin dudas el espíritu de las mismas, que un ayuno es fundamentalmente entre la persona que ayuna y Dios, concordaba con el ayuno de los medios que Jake estaba haciendo. Entonces, ¿qué debía decir Jake cuando las personas le preguntaran si había visto el último programa, o si había leído algo en el periódico o en el Internet, o qué pensaba merendar mientras veía a su equipo favorito de fútbol universitario salir al campo ese fin de semana?

Por fin Jake decidió que no necesitaba decir nada. "¿Viste el último programa?" podía contestarse con: "No, no lo vi". "¿Leíste esta historia medio loca en el Internet?", podría manejarse al decir: "No, cuéntame". "¿Qué vas a hacer para el juego del fin de semana" podía desviarse con: "En verdad que no sé que planes tengo para el fin de semana" puesto que él no sabía cuáles eran.

Él no estaba avergonzado de su ayuno, ni de su desintoxicación, pero solo quería mantenerlo como algo entre él, su esposa y Dios. Respondió honestamente a las preguntas de todo el mundo y quedó asombrado ante la cantidad de trabajo que realizó ese día al tiempo que compartió un buen rato con sus compañeros de trabajo. No se había percatado de cuánto tiempo de su día de trabajo consumía el Internet en realidad.

A medida que el segundo día se convirtió en el tercero y luego el cuarto, Jake descubrió que extrañaba menos sus medios. Cuando empezó su dieta para la renovación de la mente pensó que no podía vivir sin su programa de radio ni las noticias que se actualizaban constantemente en sus sitios web favoritos, pero descubrió que le iba bien y que como resultado, realmente estaba creciendo. Su mente estaba más clara, su nivel de estrés había disminuido y estaba durmiendo mejor.

Y su relación con Dios crecía vertiginosamente. Quitar toda la grasa le permitió concentrarse en su Creador con mayor éxito. Era como si hubiera estado comiendo solamente comida chatarra y por lo tanto no tenía hambre cuando llegaba el plato principal. Pero ahora que había eliminado todas esas calorías mentales sin valor nutritivo, se sentía atraído a pasar tiempo con Dios. Ansiaba leer su Biblia. Comenzó a tomar el camino más largo al trabajo para poder pasar más tiempo en oración. Era asombroso.

Cuando llegó el fin de semana él se volcó en su familia y en lugar de ver el juego, los llevó a todos al zoológico. Los niños se divirtieron y él también. Escuchó la puntuación final del juego cuando un cliente del zoológico la chequeaba en su celular y, asombrosamente, quedó satisfecho con eso. El simple hecho de escuchar que su equipo favorito había ganado el juego fue suficiente.

La semana siguiente fue similar. Jake descubrió que su mente estaba clara y limpia a medida que su proceso de desintoxicación progresaba. De hecho ese fin de semana se le olvidó el juego del sábado hasta que vio la puntuación final escrita en un periódico que estaba sobre una máquina mientras llevaba a la familia a desayunar antes de ir a la iglesia a la mañana siguiente.

Cuando llegó el momento de finalizar su ayuno de medios, Jake recordó con afecto su tiempo de desintoxicación y, aunque en ocasiones fue difícil, le parecía que quería seguir haciéndolo. Se sentía con fuerzas, sabía que había llevado cautivos sus pensamientos y su consumo de medios. Hizo un compromiso mental para mantener su consumo de medios en el mínimo.

Deepak Sharma quedó registrado en el Libro Guiness de los Récords por haber enviado la mayor cantidad de mensajes de texto en un solo mes: 182,689. Eso implica 6,100 mensajes por día, 253 por hora y 4.2 por minuto; o, un mensaje nuevo cada catorce segundos aproximadamente. Así que básicamente este hombre renunció a un mes de su vida para mandar mensajes de texto. ¿Su otro premio? Una factura de 1, 411 páginas.

Su manera de pensar también había cambiado. Él siempre había luchado con la lujuria cuando se fijaba en otras mujeres que no fuera su esposa y se permitía algunas miradas fugaces de admiración. Ahora que él había comenzado a llevar sus pensamientos cautivos, él había empezado a notar un enfoque distinto en esos pensamientos. Cuando veía una mujer hermosa le daba gracias a Dios por llenar el mundo con belleza y se recordaba a sí mismo que esa mujer era una persona que debía ser respetada, que ella era la esposa, hija o madre de alguien. Cuando veía una mujer vestida de manera seductora, en lugar de hacérsele la boca agua, se sentía triste por ella pues ella pensaba que de esa manera se daba valor a sí misma. Oraba para que Dios le mostrara que él la valora como una persona hecha a su imagen. Jake había comenzado a mirar a las demás personas con la perspectiva de Dios.

Pero ese era solo el primer paso. Su mente se estaba convirtiendo en un lugar maravillosamente limpio, ahora había llegado el momento de pasar a la segunda fase de su dieta para la renovación de su mente.

APLICACIÓN

Ahora realice estos cinco ejercicios para aplicar lo que aprendió en este capítulo.

1. ¿Cuál cree usted que representa un mayor desafío para su salud mental y espiritual: el volumen de información que usted consume cada día o el contenido de la información

que usted procesa? Al hacer planes para su desintoxicación mental, pídale a Dios en oración que su Espíritu limpie su mente de toda impureza y le ayude a experimentar victorias en su batalla por su mente.

2. Anote sus respuestas a las preguntas siguientes: ¿Qué le parece la idea de hacer un ayuno de medios? ¿Creé que enfrentará desafíos, cuáles? ¿Qué beneficios espera obtener de la experiencia? ¿Qué cree de llevar cada pensamiento cautivo? ¿Qué hace que esto sea difícil? ¿Cómo se recordará a sí mismo hacerlo?

3. Haga una lista de todos los medios que usted consume a diario habitualmente, junto con el propósito específico por el que lo hace. Por ejemplo, usted pudiera escribir que ve las noticias para estar informado o que oye música para relajarse y aligerar su estado de ánimo. O pudiera decir que ve reposiciones de programas para matar el tiempo. Identifique los elementos de los medios que usted consume que son absolutamente imprescindibles y aquellos que son opcionales por completo. Identifique también los elementos que están en el medio de ambas categorías.

4. Considere a qué temas se inclina su mente cuando usted tiene tiempo libre. ¿Qué temas necesita suspender y sacar de su mente? ¿Qué temas necesita captar para meditar en ellos? Desarrolle un sistema para organizar sus pensamientos de manera que pueda pasar tiempo concentrándose en pensamientos productivos y edificantes. Por ejemplo, pudiera hacer una lista en una tarjeta con aquellos temas en los cuales sería beneficioso pensar. Mantenga la tarjeta en su bolsillo y consúltela como una guía para sus pensamientos cuando tengas algunos momentos libres.

5. Escriba un plan de acción específico para su dieta de medios. ¿Cuándo comenzará y cuánto durará? ¿De qué se abstendrá completamente? ¿Qué tipos de medios tendrá que seguir consumiendo incluso durante su dieta? ¿Qué limites

pondrá a los medios que sí consumirá? ¿En qué actividades específicas se involucrará para ocupar el tiempo que ha quedado libre? ¿Pasar tiempo con su familia o amigos? ¿Desarrollar un nuevo pasatiempo? ¿Terminar un proyecto?

Reestructuración

Segunda semana

EJERCICIO NÚMERO 3

Considere verse de una nueva forma

ENFOQUE

Reestructure sus creencias sobre sí mismo para que coincidan con la verdad de Dios

¿Alguna vez ha visto el programa televisivo Deal or No Deal? (No durante su ayuno de los medios, ¡por supuesto!) Los concursantes escogen de entre veintiséis maletines uno que ellos creen que contiene un millón de dólares. El juego, que no requiere ningún tipo de habilidad, consiste en que ellos escojan y abran maletines que tienen diferentes cantidades de dinero y decidan si creen o no que el maletín que escogieron al principio realmente contiene el millón de dólares. Un "banquero" les ofrece comprar su maletín por cantidades escogidas al azar, probando así la fe de ellos en su elección.

Es fascinante ver a estos participantes, quienes tienen el apoyo de amigos y familiares en el público presente en el estudio. Muchos de ellos afirman: "Yo creo que mi maletín tiene el millón de dólares" a lo largo de todo el programa. Por supuesto, su creencia no tiene nada que ver con la cantidad de dinero que haya en el maletín. Una creencia inflexible no puede cambiar la verdad.

De la misma manera nuestras creencias con respecto a nosotros mismos, por sólidas que sean, no afectan la verdad con respecto a quiénes somos. Al pasar a la segunda semana de la dieta para la renovación de la mente, nos concentraremos primero en comprender y aceptar quiénes somos para Dios.

Por ejemplo, ¿usted se dice a sí mismo: "¡Qué tonto soy!" cuando comete un error? Si su presentación en

> Cultive su mente con buenos pensamientos
> — Benjamin Disraeli

la reunión no sale bien, ¿se pasa día reviviendo su "metida de pata"? ¿Alguna vez piensa que ha engañado a la gente, que si ellos supieran cómo es usted realmente se alejarían asqueados? ¿Cree que su cónyuge se merece a alguien mejor que usted? ¿Alguna vez ha pensado que es un mal padre o madre?

Cada uno de estos pensamientos refleja un sistema de creencias, un patrón de pensamientos que sencillamente no está alineado con la verdad de Dios. Nos golpea más frecuentemente cuando escuchamos a nuestros sentimientos en lugar de escuchar lo que sabemos que es correcto. ¿Qué tipos de sentimientos? Pudieran ser sentimientos de impotencia cuando sentimos que estamos a merced de otros, cuando no tenemos ni voz ni voto en lo que sucede cada día o que vivir una vida destrozada es nuestro destino. A veces sucumbimos a sentimientos de abandono; nos sentimos aislados, como si fuéramos los únicos que hayamos pasado por lo que estamos pasando y que Dios no nos escucha. Los sentimientos más perjudiciales de todos son los de falta de valor; nos parece que nuestras vidas se desmoronan en derredor nuestro y que no le importamos a nadie, ni a Dios ni al mundo. Y los sentimientos de vergüenza; las ocasiones en las que sentimos que tomamos decisiones equivocadas y no hay forma de vencerlas. Sentimientos de que nuestras vidas han perdido el rumbo debido a algo que hicimos y que no hay maneras de que retomen su curso.

Tales sentimientos y los pensamientos que los acompañan son extremadamente dañinos y no se conquistan fácilmente. Sin embargo, usted los puede conquistar. Vamos a aprender cómo.

> El pensamiento, como toda arma potente, es sumamente peligroso si se usa mal. Por lo tanto un pensamiento claro es algo aconsejable no solo para desarrollar todos los potenciales de la mente sino también para evitar el desastre.
>
> — Giles St. Aubyn

CÓMO CONQUISTAR LOS PENSAMIENTOS DESTRUCTIVOS

Podemos conquistar los sentimientos destructivos al identificarlos, rechazarlos y reemplazarlos con pensamientos saludables. Pero, ¿qué implica eso, la idea de pensamientos saludables o correctos? ¿De dónde provienen los pensamientos saludables? ¿Y cuáles deben ser nuestros criterios para tener pensamientos saludables? Una vez más vemos que Filipenses 4:8 nos ofrece un resumen exhaustivo: "Por lo demás, hermanos, todo lo que es verdadero, todo lo honesto, todo lo justo, todo lo puro, todo lo amable, todo lo que es de buen nombre; si hay virtud alguna, si algo digno de alabanza, en esto pensad". Tal vez esto se oiga como el cuento de Peter Pan: "Solo piensa en cosas alegres y podrás volar". Es evidente que la vida no funciona de esa manera, así que desglosemos en varios elementos clave esta idea de cambiar la manera en que nos vemos a nosotros mismos.

> La vergüenza es la única emoción que ataca al ser al hacerle creer a la persona que es intrínsecamente deficiente y antipática. Esta emoción paralizante destruye la confianza en uno mismo e impide que la persona logre o disfrute el éxito. Cuando la vergüenza domina nuestra existencia cotidiana, la persona se debate entre su necesidad de embestirse de poder y la necesidad de preservar sus relaciones.
>
> — Uzma Mazhar

1. CONFIESE SUS FRACASOS Y PENSAMIENTOS DAÑINOS

La confesión es algo glorioso. ¿Por qué? ¡Porque Dios ya sabe lo que usted ha hecho! Usted no lo va a sorprender cuando le cuente que le gritó a su esposa y que golpeó la puerta cuando salía de la casa hoy por la mañana. Él ya sabe que usted se atribuyó el crédito por la idea de otra persona en el trabajo y sabe que por eso usted se siente muy mal. Él sabe lo que usted cree sobre sí mismo, que no está contento con el rumbo que parece estar tomando su vida, que usted siente que está fuera de control. Él espera ansioso que usted le cuente y le pida perdón. El anhela liberarlo del dominio que esos pensamientos y acciones tienen sobre usted. Y quiere que conozca la verdad de quién es usted en él. Al hacerlo, no olvide pedir ayuda para perdonar a aquellos que le han herido y que han contribuido a esos patrones de pensamientos falsos o negativos. Eso es parte de la liberación.

2. DECIDA ALEJARSE DE LOS PENSAMIENTOS Y CREENCIAS ERRÓNEOS

Tome la decisión de salir de su hábito invertido de pensamientos negativos aunque el único motivo sea que simplemente tiene que hacerlo. Nada cambiará absolutamente si se queda donde está. Usted está leyendo este libro porque está buscando un cambio positivo. Es algo así como subirse a la máquina de correr. Con solo mirarla no quemará calorías. ¡Usted tiene que decidir subirse y correr!

Por supuesto, alejarse de algo quiere decir que usted está dirigiéndose a otra cosa. En ese caso, significa abrazar pensamientos verdaderos sobre sí mismo, considerar quién es usted desde la perspectiva de Dios. El Apéndice A en este libro contiene una serie de pasajes bíblicos para que usted lea y medite de manera que aprenda mas sobre lo que Dios piensa de usted. Más adelante en este capítulo veremos algunos.

> Así como un solo paso no hace un camino en la tierra, tampoco un solo pensamiento hará un camino en la mente. Para hacer un camino físico profundo, caminos una y otra vez. Para hacer un camino mental profundo, tenemos que pensar una y otra vez el tipo de pensamientos que queremos que dominen nuestras vidas.
>
> — Henry David Thoreau

Esta decisión también puede implicar volverse a otros, tenerlos en cuenta y también sus necesidades, mirar hacia fuera en lugar de hacia adentro. Cuando usted comete un error y dice: "¡Qué estúpido soy!" hace que los demás se sientan incómodos. Los coloca en una situación en la que tienen que consolarlo y además

usted pudiera contribuir a que ellos tengan pensamientos negativos: Si le molestó tanto algo tan pequeño, ¿cómo reaccionará si
yo cometo un error? Incluso si usted no dice: "Soy un estúpido"
en voz alta, al decírselo a sí mismo se está creando expectativas no
realistas de sí mismo y de los demás para el futuro.

¿Y qué pasa cuando contempla la idea de que su cónyuge pudiera haber escogido algo mejor? Bueno, seamos realistas. ¡Usted tiene
razón! Sin embargo, su cónyuge le escogió a usted. Está claro que su
esposa vio cosas lindas en usted. Sin duda que su esposo vio cómo
usted es el equilibrio para sus puntos fuertes y para sus debilidades.
Al contemplar pensamientos de ser indigno del amor de su cónyuge, usted pone en duda la capacidad de esa persona para discernir,
evaluar y amar. Póngase en el lugar de la otra persona. ¿Querría usted que su esposo siempre estuviera buscando que le aseguraran que
él es digno de ser escogido? ¿Quisiera usted que su esposa le agra-
deciera constantemente por considerarla una compañera aceptable?
¡Claro que no! Sin embargo. Eso es lo que está haciendo si cultiva
pensamientos que le dicen que no es digno de su cónyuge.

3. LLENE SU CORAZÓN Y SU MENTE CON LOS PENSAMIENTOS ADECUADOS

Recuerde los principios de Filipenses 4:8 y aplíquelos. Piense
en lo que sea lindo en su matrimonio. Piense en lo que ha hecho
bien en su trabajo. ¿Qué hay de admirable en su manera de criar
sus hijos? Rechace los pensamientos negativos y contraproducen-
tes, y alinee su pensamiento con la Palabra de Dios.

QUIÉN SOY EN CRISTO
(Neil Anderson)
Si usted es cristiano, entonces las declaraciones que aparecen a continuación
se cumplen en usted:

Soy aceptado.

Juan 1:12	Soy hijo de Dios.
Juan 15:15	Como discípulo, soy amigo de Jesucristo.

Romanos 5:1	He sido justificado.
1 Corintios 6:17	Estoy unido al Señor y soy uno con él en espíritu.
1 Corintios 6:19	He sido comprado por un precio y le pertenezco a Dios.
1 Corintios 12:2	Soy miembro del cuerpo de Cristo.
Efesios 1:3-8	He sido escogido por Dios y adoptado como su hijo.
Colosenses 1:13-14	He sido redimido y perdonado por todos mis pecados.
Colosenses 2:9-10	Estoy completo en Cristo.
Hebreos 4:14-16	Tengo acceso directo al trono de la gracia a través de Jesucristo.

Estoy seguro.

Romanos 8:1-2	Soy libre de condenación.
Romanos 8:28	Tengo la seguridad de que Dios hace que las circunstancias obren a mi favor.
Romanos 8:31-39	Soy libre de toda condenación que se haga en mi contra y nada me puede separar del amor de Dios.
2 Corintios 1:21-22	Dios me ha establecido, ungido y sellado.
Colosenses 3:1-4	Estoy escondido con Cristo en Dios.
Filipenses 1:6	Tengo confianza en que Dios terminará la buena obra que él empezó en mí.
Filipenses 3:20	Soy ciudadano del cielo.
2 Timoteo 1:7	No he recibido un espíritu de temor sino de poder, de amor y de dominio propio (una mente saludable).
1 Juan 5:18	Soy nacido de Dios y el maligno no puede tocar.

Soy importante.

Juan 15:5	Soy una rama de Jesucristo, la vid verdadera, y un canal de su vida.
Juan 15:16	He sido escogido y ungido para llevar fruto.
1 Corintios 3:16	Soy templo de Dios.
2 Corintios 5:17-21	Soy un ministro de reconciliación para Dios.
Efesios 2:6	Estoy sentado con Cristo en los lugares celestiales.
Efesios 2:10	Soy obra de Dios.
Efesios 3:12	Puede acercarme a Dios con libertad y confianza.
Filipenses 4:13	Todo lo puedo en Cristo que me fortalece.

LO QUE DICE DIOS ACERCA DE USTED

Eso cubre lo principal, pero es importante aprender a pensar de nosotros de manera saludable. Debemos tener pensamientos adecuados acerca de quiénes somos y nuestro lugar en este mundo. Y esos pensamientos de base los encontramos diseminados por toda la Biblia.

DIOS TIENE PLANES PARA USTED

Comencemos por examinar Jeremías 29:11 donde Dios habla a los israelitas y, por extensión, a todos los pueblos que el ha escogido para sí, lo que nos incluye a nosotros:

"Porque yo sé los pensamientos que tengo acerca de vosotros, dice Jehová, pensamientos de paz, y no de mal, para daros el fin que esperáis". Dios no nos ha dejado dando vueltas en esta tierra como parte de una especie de experimento cósmico, como animales de laboratorio en un laberinto. Él no está atareado ocupándose de otros planetas y solo chequeándonos de vez en cuando. No es como el líder de su país, que está ocupado dirigiendo el universo, a cargo de usted pero en realidad sin notar su presencia.

En cambio, Dios está muy interesado en cada uno de nosotros. Él está interesado en mí y en mi vida. Está interesado en usted. Está interesado en su vida al punto de que tiene un plan para la misma. ¡Y tampoco es un plan de sufrimiento y dolor! Es un plan de cosas buenas, de provisión, de esperanza y de futuro.

EL AMOR DE DIOS ES UN REGALO GRATIS

Podemos regresar varias páginas en nuestras Biblias, al libro de Deuteronomio y tener una mayor visión de los deseos de Dios para su pueblo. En Deuteronomio 28:8-14, vemos más en cuanto al sentir de Dios para con un pueblo que se rinde por completo a él:

Acontecerá que si oyeres atentamente la voz de Jehová tu

Dios, para guardar y poner por obra todos sus mandamientos que yo te prescribo hoy, también Jehová tu Dios te exaltará sobre todas las naciones de la tierra.

Y vendrán sobre ti todas estas bendiciones, y te alcanzarán, si oyeres la voz de Jehová tu Dios.

Bendito serás tú en la ciudad, y bendito tú en el campo.

Bendito el fruto de tu vientre, el fruto de tu tierra, el fruto de tus bestias, la cría de tus vacas y los rebaños de tus ovejas.

Benditas serán tu canasta y tu artesa de amasar.

Bendito serás en tu entrar, y bendito en tu salir.

Jehová derrotará a tus enemigos que se levantaren contra ti; por un camino saldrán contra ti, y por siete caminos huirán de delante de ti.

Jehová te enviará su bendición sobre tus graneros, y sobre todo aquello en que pusieres tu mano; y te bendecirá en la tierra que Jehová tu Dios te da.

Te confirmará Jehová por pueblo santo suyo, como te lo ha jurado, cuando guardares los mandamientos de Jehová tu Dios, y anduvieres en sus caminos.

Y verán todos los pueblos de la tierra que el nombre de Jehová es invocado sobre ti, y te temerán.

Y te hará Jehová sobreabundar en bienes, en el fruto de tu vientre, en el fruto de tu bestia, y en el fruto de tu tierra, en el país que Jehová juró a tus padres que te había de dar.

Te abrirá Jehová su buen tesoro, el cielo, para enviar la lluvia a tu tierra en su tiempo, y para bendecir toda obra de tus manos. Y prestarás a muchas naciones, y tú no pedirás prestado.

Te pondrá Jehová por cabeza, y no por cola; y estarás encima solamente, y no estarás debajo, si obedecieres los mandamientos de Jehová tu Dios, que yo te ordeno hoy, para que los guardes y cumplas, y si no te apartares de todas las palabras que yo te mando hoy, ni a diestra ni a siniestra, para ir tras dioses ajenos y servirles.

Ahora bien, es importante señalar que esto proviene de la ley mosaica en el Antiguo Testamento. Durante siglos la gente hizo todo lo posible para ganarse el amor de Dios. Se esforzaban mucho para guardar todos sus mandamientos y así contar con su provisión.

Pero así no funcionan las cosas, como lo expresa claramente el apóstol Pablo en Gálatas 3. Cuando escribió a los gálatas él dijo en los versículos del 3 al 5: "¿Tan necios sois? ¿Habiendo comenzado por el Espíritu, ahora vais a acabar por la carne? ¿Tantas cosas habéis padecido en vano? si es que realmente fue en vano. Aquel, pues, que os suministra el Espíritu, y hace maravillas entre vosotros, ¿lo hace por las obras de la ley, o por el oír con fe?"

Pablo luego continúa diciendo en los versículos del 10 al 14 del mismo capítulo:

> Porque todos los que dependen de las obras de la ley están bajo maldición, pues escrito está: Maldito todo aquel que no permaneciere en todas las cosas escritas en el libro de la ley, para hacerlas [Deuteronomio 27:26].
>
> Y que por la ley ninguno se justifica para con Dios, es evidente, porque: El justo por la fe vivirá [Habacuc 2:4]; y la ley no es de fe, sino que dice: El que hiciere estas cosas vivirá por ellas [Levítico 18:5]. Cristo nos redimió de la maldición de la ley, hecho por nosotros maldición (porque está escrito: Maldito todo el que es colgado en un madero [Deuteronomio 21:23], para que en Cristo Jesús la bendición de Abraham alcanzase a los gentiles, a fin de que por la fe recibiésemos la promesa del Espíritu.

Queda claro en estos pasajes de Gálatas que no nos ganamos el amor de Dios mediante un cumplimiento estricto de las reglas. (Y a manera de aclaración, los israelitas tampoco se ganaron el amor de Dios; su obediencia produjo bendición y su desobediencia tuvo consecuencias. El amor de Dios por su pueblo nunca fluctuó.) ¡Y qué liberadora es esa verdad! Esa verdad es crucial para pensar de manera correcta, para tener pensamientos saludables. No depende de nosotros el abrirnos paso hacia la gracia de Dios ni para tener una mejor vida aquí en la tierra. Depende de nosotros el vivir en obediencia según su Espíritu nos capacite y el aceptar la misericordia y la gracia de Dios, algo que él otorga sin restricciones.

USTED ES PARTE DE UNA COMUNIDAD NOBLE

Considere los tipos de persona que se entregan a Dios por completo, que creen por completo en cómo el los ves. En Hebreos 11 se nos muestra un poco sobre esas personas, algo que se conoce comúnmente como la Galería de la fe. Allí el autor de hebreos presenta una lista de personas que vivieron por fe: Abel, Enoc, Noé, Abraham, Isaac, Jacob, José, Moisés, Rahab, Gedeón, Sansón, David, Samuel…y la lista continúa. Menciona persona tras persona que vivió una vida dedicada a Dios, creyendo totalmente que le amaba y le cuidaba.

¡Y su nombre también puede estar en esa lista! Recuerde que Dios le llamó. Recuerde lo que él hizo por usted. Él le sacó del reino de las tinieblas al reino de la luz cuando usted le entregó su corazón. Y a medida que usted confía en él y trabaja para su reino, él reconoce ese trabajo en el cielo y promete que lo recompensará por él mismo, si no en esta tierra, entonces en el cielo.

Dios le ha prometido una vida redimida, una vida llamada por su gracia. Él ha dispuesto una provisión espiritual para usted, está a su alcance, como lo veremos en la próxima sección.

USTED ESTÁ BENDECIDO EN CRISTO

En los tres primeros capítulos de Efesios encontrará una lista amplia de las bendiciones que Dios da a sus hijos. No porque seamos buenos. Es solo porque le pertenecemos. Por ejemplo, como hijo de Dios, usted ha sido bendecido con toda bendición espiritual (1:3), escogido (1:4), adoptado (1:5), aceptados (1:6), y redimidos

(1:7). Aunque no quiero usar espacio para mencionarlas todas aquí (ya que es fácil encontrarlas en su Biblia), la lista de bendiciones continúa y se extiende hasta la primera mitad del libro de Efesios.

DIOS ENVIÓ A SU ÚNICO HIJO PARA RESCATARLE

Dios le tiene en gran estima. Si usted necesita más pruebas, es suficiente con leer los conocidos versículos de Juan 3:16-17: "Porque de tal manera amó Dios al mundo, que ha dado a su Hijo unigénito, para que todo aquel que en él cree, no se pierda, mas tenga vida eterna. Porque no envió Dios a su Hijo al mundo para condenar al mundo, sino para que el mundo sea salvo por él".

Dios está loco por el mundo en sentido general y por usted en particular. Yo no sé qué tipo de relación usted tiene con sus padres, ya sea ahora o en el pasado. Pero hay algo importante que uno necesita comprender sobre Dios y es que él le ama de la manera que un padre debiera amarle. ¿Tiene hijos? Si es así, usted sabe de lo que estoy hablando. Usted carga a ese niño recién nacido, que no aporta absolutamente nada a la relación aparte de las cargas de alimentarlo y cambiarle los pañales, y su corazón se inflama de amor. ¿Por qué? Porque ese hijo es suyo. No hay ninguna otra razón.

Y así es como Dios le ve a usted. Él le ama no debido a nada que usted haga; le ama simplemente porque usted es su hijo. ¡Qué manera tan excelente de establecer pensamientos saludables!

¡Y ESA ES LA VERDAD!

Una vez que usted ha aclarado su manera de pensar con relación a sí mismo, o al menos ha comenzado a andar por el camino hacia pensamientos saludables (probablemente sea un curso a seguir para toda la vida, recordándose cómo Dios le ve), es importante fortalecer esos pensamientos con otros pensamientos saludables, una manera de pensar que complemente la verdad que acabamos de tratar.

Usted todavía necesita llevar esos pensamientos cautivos porque, inevitablemente, su ingestión mental generará una manera de pensar que es contraria a la manera en que Dios le ve. Encontrará resistencia a esta idea de ser hijo de Dios, es algo natural. Y sigue siendo vital llevar cautivos esos pensamientos y contrarrestarlos con lo que usted sabe sobre el amor de Dios. Esto es algo que usted tendrá que practicar durante el resto de su vida.

A esta práctica la Biblia le llama en Romanos "renovación", como leemos en el capítulo 12, versículo 2: "No os conforméis a este siglo, sino transformaos por medio de la renovación de vuestro entendimiento, para que comprobéis cuál sea la buena voluntad de Dios, agradable y perfecta". Este es el punto importante de la dieta para la renovación de la mente. Renovar su mente le ayuda a determinar la manera en que Dios quiere que usted piense y actúe.

Cuando usted se involucra en pensamientos saludables al ver lo que la Biblia dice sobre usted y sobre el resto del mundo, está renovando su mente y alineándola con la voluntad de Dios. Así que eche mano de la Biblia, cultive una vida de oración sólida y verá que su mente sale renovada. Descubrirá que vive una vida de pensamientos adecuados y saludables.

Amado hijo mío
Te amo (Juan 15:4).
Te puse nombre (Isaías 43:1).
Eres mío. Te conocí antes de formarte. Y antes de que nacieras, yo te consagré (Jeremías 1:5).
Tú no me escogiste, yo te he escogido a ti (15:16).
Te amo porque para mí eres de gran estima y honorable (Isaías 43:4).
Con amor eterno te he amado y por tanto sigo mostrándote mi misericordia (Jeremías 31:3).
¿Se olvidará la mujer de lo que dio a luz, para dejar de compadecerse del hijo de su vientre? Aunque olvide ella, yo nunca me olvidaré de ti. He aquí que en las palmas de las manos te tengo esculpida (Isaías 49:15-16).
Porque yo Jehová soy tu Dios, quien te sostiene de tu mano derecha (Isaías 41:13).
No temas, porque yo te redimí (Isaías 43:1).
Yo estoy contigo (Isaías 43:5).

Yo estoy con vosotros todos los días, hasta el fin del mundo (Mateo 28:20).

No se turbe vuestro corazón, confíen en mí (Juan 14:1).

Yo te ayudaré (Isaías 41:4)

Cuando pases por las aguas, yo estaré contigo. Los problemas no te abrumarán. Las pruebas que vengan no te dañarán (Isaías 43:2).

No te preocupes (Lucas 12:9).

Hasta los cabellos de su cabeza están contados, así que no hay necesidad de temer a nada (Mateo 10:30).

Porque los montes se moverán, y los collados temblarán, pero no se apartará de ti mi misericordia, ni el pacto de mi paz se quebrantará, dijo Jehová, el que tiene misericordia de ti (Isaías 54:10).

Pero he aquí que yo te llevaré al desierto, y hablaré a tu corazón. Seré fiel y verdadero. Te mostraré amor continuo y te haré mío para siempre. Yo guardaré mi promesa y me conocerás como nunca antes (Oseas 2:14, 19-20).

Yo soy el que soy (Éxodo 3:14).

Yo soy el Señor tu Dios (Éxodo 20:2).

El Dios fiel (Deuteronomio 7:9).

Yo soy tuyo y tú eres mío (Jeremías 7:23).

EL PROGRESO DE JAKE

¿Cómo le está yendo a Jake? Veamos. Acaba de terminar su programa de desintoxicación y ahora está listo para comenzar a edificar sobre ese cimiento. Ya él ha descubierto que está siendo más amable en casa, está disfrutando más a sus hijos y su relación con su esposa está más fuerte que nunca. Durante las últimas dos semanas ha pasado más tiempo conversando con todos en su casa y eso ya está mostrando sus beneficios.

Además, su tiempo alejado de las exigencias de los medios ha permitido que su relación con Dios se profundice. Está estudiando la Biblia y ha descubierto algunas verdades de las que se había olvidado. Ha estado alimentándose de los evangelios, específicamente al estudiar las palabras de Jesús. Él leyó en Mateo 6 donde habla del ayuno y luego continuó leyendo el resto del capítulo y llegó a los versículos del 25 al 27:

Por tanto os digo: No os afanéis por vuestra vida, qué habéis de comer o qué habéis de beber; ni por vuestro cuerpo, qué habéis de vestir. ¿No es la vida más que el alimento, y el cuerpo más que el vestido? Mirad las aves del cielo, que no siembran, ni siegan, ni recogen en graneros; y vuestro Padre celestial las alimenta. ¿No valéis vosotros mucho más que ellas? ¿Y quién de vosotros podrá, por mucho que se afane, añadir a su estatura un codo?

Jake se identificaba con eso pues él había tenido todas esas preocupaciones en cuanto a proveer para su familia. Comenzó a concentrarse en ese pasaje, meditaba en él y en todo lo que implicaba para él como cabeza de familia. Esto le ha ayudado a depender más de Dios para tener fuerza y a descansar en el consuelo de que su Padre celestial no solo cuida de él sino de su familia. Jake ha comenzado a sentirse menos como alguien tiene que ganarse el amor del Padre y más como alguien que es un hijo de Dios.

Esto también se está viendo en su desempeño en el trabajo. Ahora que está trabajando con una mente clara, con una comprensión clara de cómo Dios lo ve, él tiene más confianza en su trabajo. Como ya no lo impulsa una mentalidad de logros, Jake está más relajado y es más agradable estar a su alrededor. Realmente disfruta el tiempo que pasa en la oficina. También le resulta más fácil salir a tiempo de la oficina y dejar su mentalidad de trabajo allí.

Jake también ha podido continuar con su práctica de llevar cautivos sus pensamientos, consciente de que Dios le ha dado una tarea en cuanto a eso y de que él es completamente capaz de hacerla. No, él no se gana el amor de su Padre, pero sí necesita mantener limpia su habitación, por decirlo de alguna manera. Tener una mente limpia, dejar fuera todo pensamiento dañino, es permitirse andar en victoria sobre el pecado y también ha aumentado la calidad en todas las esferas de su vida. Ahora llegó el momento de añadir algo más a la mezcla: crear un plan de medios saludables con el cual pueda vivir realmente.

APLICACIÓN

Realice ahora estos cinco ejercicios para aplicar lo que aprendió en este capítulo.

1. Durante su próximo tiempo con Dios, pídale que le muestre lo que usted cree sobre sí mismo. Anote todo lo que le venga a la mente tan pronto como pueda. Sea tan honesto consigo mismo como le sea posible, y no se preocupe si parece algo negativo o tonto. Solo escriba. Cuando no se le ocurra escribir más nada, regrese y lea lo que escribió. Basado en el contenido de este capítulo, ¿cuánto de su lista coincide con lo que Dios piensa de usted? Si alguna de sus nociones no coincide con las de Dios, pídale dirección para reemplazar estas falsas nociones con la verdad. Tal vez usted pueda necesitar la ayuda de su pastor, un mentor o un terapeuta cristiano para solucionar, liberar y cambiar la visión que tiene de sí mismo.

2. Anote sus respuestas a las preguntas siguientes: De las verdades que aprendió de la Biblia con relación a sí mismo, ¿cuál cree usted que es la más importante que necesita adoptar y aplicar en su vida ahora mismo? ¿Por qué? ¿Cómo cree usted que cambiaría su vida si usted fuera capaz de creer sinceramente esta verdad y ponerla en práctica? ¿Qué obstáculo enfrenta para hacer que esta verdad funcione en su vida? ¿Cómo pudiera vencer dichos obstáculos?

3. ¿Qué verdad bíblica sobre sí mismo le resulta más fácil de creer y le ofrece mayor aliento? Busque maneras creativas de recordarse esa verdad en su vida cotidiana. Tal vez pudiera comprar o hacer un letrero que destaque dicha verdad para ponerlo en su lugar de trabajo o en algún lugar en casa. O tal vez pudiera cambiar el fondo de su computadora o su

protector de pantalla para que muestre ese mensaje alentador para usted. Ya que esta verdad es tan significativa y útil para usted, ¡asegúrese de sacarle el mayor provecho!

4. Busque los versículos en las notas de este capítulo que llevan por título "Quién soy en Cristo" y "Amado hijo mío". Escoja uno de estos versículos para imprimirlo en una tarjeta y llévela consigo adondequiera que vaya durante la próxima semana. Léala varias veces al día, medite en ella, y propóngase memorizar el versículo. Hacerlo le ayudará a consolidar la verdad de Dios en su mente.

5. Lea los tres primeros capítulos de Efesios y haga una lista de todas las bendiciones que encuentre que les pertenecen a los hijos de Dios. Guarde su lista en un lugar especial y revísela cuando sienta la necesidad de aliento para recordar quién es usted para Dios.

EJERCICIO
NÚMERO 4

Convierta en un amigo a los medios de comunicación

ENFOQUE

Tome el
control de las
influencias
externas sobre
su mente

Yo disfruto los restaurantes mexicanos. La mayoría ofrece una cesta grande con tortillas y un tazón con salsa recién preparada para abrir el apetito en lo que llega la comida. Pero son muchas las ocasiones en las que me he sentado, he pedido mi comida y luego, cuando la comida llega, me doy cuenta de que he comido tantas tortillas que ya no tengo hambre como para comer la comida que pedí.

Vamos a darle un rumbo diferente a nuestra ilustración del restaurante, la mayoría de nosotros no se sienta a la mesa y luego rechaza el menú que el anfitrión nos ofrece. Cuando el camarero nos pregunta: "¿Qué puedo servirle?", nunca le contestamos: "Tráigame cualquier cosa. Sorpréndame". No, queremos gastar nuestro dinero en algo que estemos bastante seguros de que lo vamos a disfrutar.

Lamentablemente, la mayoría de nosotros tiende a ser menos disciplinados y críticos cuando se trata de los medios de comunicación que consumimos. Nos sentamos frente al televisor o a la computadora, o abrimos un libro o una revista, y con nuestras acciones decimos: "Sorpréndeme". En lugar de merendar ligeramente y luego pasar a una cena balanceada de nutrición social, intelectual y espiritual, nos excedemos en el aperitivo hasta que por fin quitamos la vista de la computadora o del televisor y vemos que ya hace rato es hora de dormir y no hemos hecho tiempo para la comida verdadera.

Espero que a estas alturas de la jornada para renovar su mente ya usted comience a ver algunos cambios en su manera de pensar. La razón por la cual un ayuno de los medios, o una desintoxicación, es una parte tan importante en las primeras etapas de la dieta para la renovación de la mente es porque los medios de comunicación tienen un impacto muy significativo (y a menudo encubierto) en nuestra manera de pensar. A medida que comencemos a limitar y manejar las cantidades grandes de información que consumimos a través de los diversos medios, y enfocamos nuestro consumo en un contenido más saludable, de seguro se producirá una diferencia en la manera en que nuestras mentes funcionan. Confío en que usted también haya estado trabajando duro para regular el funcionamiento interno de su mente de manera que esté llevando cautivos esos pensamientos que burbujean en su corazón, sacando los que sean dañinos y adoptando los saludables. Además ahora usted está llenando su mente con pensamientos y conceptos saludables como los que tratamos en el capítulo anterior.

Muchos sitios web ofrecen reseñas de películas basadas en principios bíblicos y desde una perspectiva cristiana. A continuación algunos ejemplos:

http://www.pluggedinonline.com
http://www.christiananswers.net/spotlight
http://www.christianitytoday.com/movies
http://www.crosswalk.com/movies
http://www.movieguide.org

¡Ahora no hay excusas para que nos sorprenda el contenido de una película!

Ahora llegó el momento de añadir otra etapa a la dieta para la renovación de su mente. Necesitamos trabajar juntos para establecer un plan de comidas saludable para su consumo de los medios, si le parece bien. Necesitamos crear un régimen saludable de medios de comunicación con el que usted realmente pueda cumplir y que le produzca la energía y metabolismo mentales que necesita para vivir la mejor vida que le sea posible.

Nuevamente comenzamos con Filipenses 4:8: "Por lo demás, hermanos, todo lo que es verdadero, todo lo honesto, todo lo jus-

Un magnífico ejemplo del poder del orden en la música es el rey Jorge I de Inglaterra. El rey Jorge tenía problemas con la pérdida de la memoria y el manejo del estrés. Aprendió de la Biblia que el rey Saúl había experimentado el mismo tipo de problemas que él tenía, y que Saúl venció sus problemas usando un tipo de música especial. Con esta historia en mente, el rey Jorge pidió a Federico Handel que escribiera alguna música especial que le ayudara de la misma manera que la música ayudó a Saúl. Con ese objetivo Handel escribió su Música del agua.

to, todo lo puro, todo lo amable, todo lo que es de buen nombre; si hay virtud alguna, si algo digno de alabanza, en esto pensad."

Tengo que confesar algo. Aunque lo he mencionado en varias ocasiones, este versículo a veces me molesta un poco. Creo que debe haber sido mucho más fácil para los primeros cristianos ponerlo en práctica. Al fin y al cabo, ellos no tenían televisión, ni cines, ni reproductores de DVD, ni antenas parabólicas, ni revistas, ni iPods, ni Internet. ¡Ni siquiera oyeron hablar de un tomacorriente ni de un interruptor de apagado y encendido! Sin embargo, al investigar un poco para este libro, he cambiado mi manera de pensar con respecto a que es más difícil para nosotros de lo que lo fue para nuestros hermanos y hermanas en Cristo del primer siglo. Ya que a usted pudiera parecerle lo mismo (incluso si no lo quiere reconocer), le voy a contar un poco de lo que aprendí que cambió mi manera de pensar.

OPCIONES PARA LOS MEDIOS DE COMUNICACIÓN EN LA ANTIGÜEDAD

El mundo antiguo ofrecía muchas opciones para el entretenimiento, aunque la mayoría implicaba salir de la casa e incluso viajar a una ciudad vecina. Quizá la sorprenda saber que Jesús vivió muy cerca de un lugar de entretenimiento muy importante. En poco más de una hora, si Jesús hubiera querido, podría haber caminado de su casa en Nazaret a la cercana ciudad de Séforis para asistir a un espectáculo en el anfiteatro estilo romano con cuatro mil asientos que fue construido por Herodes Antipas.[1] Había lugares así dispersos por el mundo en los tiempos de la iglesia primitiva y muchas personas aprovechaban el entretenimiento que estos ofrecían. La gente que iba al teatro podía ver una comedia (farsa), una tragedia o incluso una mímica. Sin embargo, al asistir a una representación así, la persona se arriesgaba a exponerse a relaciones sexuales lujuriosas y obscenas, y probablemente a violencia real.[2]

Si el teatro no era su idea de diversión, usted podía ir al Coliseo en Roma o a alguno de los muchos otros estadios más pequeños que estaban dispersos por el imperio romano, para ver peleas de animales (algunos estiman que en el día de la inauguración se mataron cinco mil en el Coliseo[3]) o un pequeño combate mano a mano entre gladiadores, en el cual el ganador mataba al perdedor. En su libro Confesiones, Augustín de Hipona describe la fascinación y tentación poderosas que tal entretenimiento representaba para la persona común, incluyéndose él mismo, y como al final logró experimentar la victoria sobre la tentación.

O, para evitar las multitudes y de todos modos divertirse un poco, un hombre del primer siglo siempre podía encontrar un juego de dados respetable en la calle. Por supuesto, participar significaba apostar las posesiones de la familia.

A todo eso se añade que los escritos de los primeros cristianos y de otros dejan claro que ellos también lucharon con los ataques interiores de sus propias mentes. Los pensamientos se presentaban sin que nadie los llamara y ellos tenían que luchar con estos y descubrir qué hacer con los mismos.

Así que aunque nuestras opciones para el entretenimiento son muy diferentes en la actualidad, sería un error pensar que para los primeros cristianos era más fácil que para nosotros o que era mucho más sencillo para ellos involucrarse solamente en actividades que los ayudaban a tener pensamientos que estuvieran en conformidad con Filipenses 4:8.

Si usted está buscando una lista de sugerencias específicas en cuanto a qué ver, leer o escuchar, déle un vistazo al Apéndice B al final de este libro. Allí encontrará una lista de libros, películas y música que yo recomiendo para todos los gustos prácticamente. Esos son específicos. En el resto de este capítulo vamos a aplicar los principios básicos de Filipenses 4:8 a diversos tipos de medios.

TELEVISIÓN Y PELÍCULAS

Comencemos con la televisión y las películas. ¿Qué tipos de programas le gustan a usted? ¿Programas tipo "reality show" en horario estelar? ¿Programas sobre animales en el canal Discovery? ¿Documentales de la televisión pública? ¿Canales de noticias? ¿Canales que transmiten películas las veinticuatro horas? ¿Canales que transmiten deportes o programas sobre jardinería las veinticuatro horas? Con todos los canales disponibles a través del cable o de las antenas parabólicas, así como un número récord de pantallas cinematográficas prácticamente en cada esquina, tenemos más opciones para el entretenimiento que nunca antes.

Evaluar lo que vemos comienza por examinar nuestros motivos: ¿Por qué queremos ver lo que queremos ver? A continuación algunos motivos saludables para ver determinado programa de televisión:

- para ser edificado e inspirado a vivir una vida mejor;
- para aprender algo que me ayudará a resolver un problema en mi vida;
- para comprender más a las personas y cómo funcionan las relaciones;
- para expandir mi mente o ver la vida desde una perspectiva diferente;
- para mantenerme informado sobre lo que está sucediendo en el mundo que me rodea..

Y a continuación algunos posibles motivos no saludables para ver televisión

- para matar el tiempo y no tener que involucrarme con el mundo que me rodea;
- para ahogar el silencio;
- para disfrutar o experimentar una emoción indirecta;
- para evitar hacer algo que realmente necesito hacer;
- para experimentar intimidad con la gente en la televisión en lugar de desarrollar relaciones verdaderas.

Examine su corazón para determinar los motivos detrás de lo que usted ve y tendrá un fundamento mucho más firme para desarrollar un plan de comidas saludable en cuanto a los medios. Usted puede incorporar tiempo para la televisión en su plan de manera moderada cuando tiene motivos saludables para ver pero elimine implacablemente de su dieta de medios el ver cualquier programa que sea el resultado de motivos no saludables.

A veces nuestros motivos no pueden clasificarse fácilmente como saludables o no saludables, y no hay problema con eso. Por ejemplo, usted pudiera decir: "Quiero entretenerme un rato", o "No tengo energía para ninguna otra cosa ahora mismo". No hay nada intrínsecamente malo con ver televisión por estos motivos. Solo asegúrese de limitar la cantidad de tiempo que mira televisión por dichos motivos y no utilice dichas declaraciones como excusa para ver programas que alimentan su mente con pensamientos no saludables.

Ver televisión puede ser una actividad saludable, pero no lo es por naturaleza. Sin un plan para verla de manera saludable, puede convertirse fácilmente en una actividad que socava sus esfuerzos para tener pensamientos saludables y puros.

MÚSICA

Dirijamos ahora nuestra atención a la música. La música es un medio poderoso porque se conecta con nuestros espíritus de

Tal vez usted se sienta especialmente valiente y quiera expandir lo que escucha e incluir la música clásica. Déle un vistazo a Music of the Great Composers [Música de los grandes compositores] de Patrick Cavanaugh donde encontrará un recorrido dirigido por el mundo de la música clásica con una perspectiva cristiana. El libro incluye un apéndice titulado "A Lifetime of Listening: Your First Thousand Pieces" para iniciarle en los diversos sub-géneros de la música clásica (sinfonías, obras corales, solos para instrumentos, etc.).

una manera en que no puede hacerlo ningún otro medio de comunicación. La música habla directamente a nuestras almas en un lenguaje que es más emocional que intelectual. Ese es uno de los motivos por el cual las películas siempre tienen una banda sonora. La partitura nos da indicios musicales de cómo el director quiere que nos sintamos con respecto a lo que estamos viendo en la pantalla. Y, la mayoría de las veces, seguimos las instrucciones musicales del director.

Sin música podemos ver una escena ordinaria, ambigua, de una persona subiendo las escaleras y no inmutarnos con la misma. Sin embargo, añadimos sonido, y el director puede decirnos mediante la música cómo debemos sentirnos. Ponga cuerdas siniestras en tonos graves, salpicadas de cuerdas agudas o un piano etéreo, y de repente nos preocupamos por la persona. ¿Está caminando hacia una trampa? Ponga cuerdas enérgicas y alegres haciendo arpegios, una orquesta completa con instrumentos de viento se remontan y de repente nos sentimos felices por la persona. Estamos seguros de al final de las escaleras encontrará al amor que perdió hace tiempo. Los indicios musicales tan diferentes pueden dar interpretaciones completamente diferentes de la misma imagen visual.

La música es una influencia tan poderosa sobre nuestros pensamientos y emociones que es importante que examinemos cuidadosamente por qué nos gusta escuchar la música que escuchamos. ¿Es sencillamente porque a usted le gusta ese estilo de música o hay algo más profundo? ¿Cómo se siente cuando escucha un estilo de música en particular? ¿Se sienta tranquilo y con energía o se siente enojado y deprimido? ¿Acerca sus pensamientos a Dios y a su reino o los aleja?

No existe un estilo de música correcto. Es obvio que yo prefiero ciertos estilos y artistas, pero no voy a decirle que usted tiene que escuchar exclusivamente lo que yo disfruto. Pero lo que usted escoja en la música es igual de importante debido al impacto que tiene en sus pensamientos. Cuando usted escucha música está dándoles al compositor y al artista acceso a su mente de una manera que perdura mucho. Si quiere lograr el éxito en su dieta mental, preste atención a los tipos de música que consume cada día. Escoja escuchar una música que le ayudará en sus esfuerzos de mantener una mente limpia y un corazón puro en lugar de convertirlo en un desafío mayor.

LAS PALABRAS ESCRITAS

Pasemos a la palabra escrita, que vemos fundamentalmente en forma de libros, revistas, periódicos y cosas por el estilo. Dependiendo de la edad que usted tenga, tal vez le dijeron cuando era pequeño que leer era muy bueno. "Lee un libro", decían los carteles en las bibliotecas. El mensaje subyacente era: "lee cualquier cosa, por favor. Estamos perdiendo a los chicos por causa de la televisión y no nos gusta".

Pero lo que usted lee es tan importante como el mero hecho de que lea. Poner información en un libro no hace automáticamente este sea útil y beneficioso. No todo lo que uno lee en los libros es cierto ni vale la pena leerlo. Hay libros de autoayuda llenos de tópicos trasnochados que solo se imprimieron para ocupar espacio en la página y hacer que el libro fuera más grueso de manera que la editorial pudiera cobrarle más por el mismo. Hay libros, incluso en las librerías cristianas, que van en contra de la Palabra de Dios y solo se escribieron porque alguien tenía que cumplir con un contrato con determinada editorial. Por esa razón es tan importante ser exigente con lo que uno escoja para leer.

Lo mismo se cumple con las revistas. Hay revistas que le educan, informan e inspiran de diversas maneras. Durante muchos años revistas como Time, Newsweek, y U.S. News and World Report dominaban el mercado de las revistas informativas. Ya que cada vez son más las personas que recurren al Internet para informarse diariamente, dichas revistas batallan para mantener su liderazgo. Muchas se han visto obligadas a especializarse para sobrevivir. Ahora existen revistas para prácticamente todo tipo de hobby o profesión, independientemente de cuán pequeño sea el mercado. También hay mucha basura y la basura nunca parece dejar de multiplicarse.

Los periódicos son tan benignos como sea posible en el mundo de los medios de comunicación. Sin embargo, incluso con ellos el lector debe estar consciente de las inclinaciones y prejuicios del reportero. El periodismo objetivo es un término poco preciso y puede ser difícil o incluso imposible que un periodista escriba una historia sin permitir que sus prejuicios personales se reflejen. Además, los periódicos siempre han sido aficionados a mostrar titulares escandalosos y que capten la atención y tienen una tendencia a crear noticias donde no las hay. ¿Alguna vez ha oído usted hablar de un día de pocas noticias? De todos modos imprimen el periódico, ¿no es cierto? Así que, incluyo con los periódicos es importante mantener la guardia y vigilar cualquier pensamientos dañino que estos pudieran sembrar en su cerebro.

Con los medios de comunicación impresos la pregunta que debemos hacernos es: "¿Por qué?" ¿Por qué estamos interesados en leer los materiales que leemos normalmente? ¿Leemos un libro en particular porque es un clásico o porque secretamente esperamos que tenga algún contenido escandaloso o que acelere los latidos del corazón que luego nos parecerá correcto porque lo leímos en un libro? ¿Leemos esa revista porque nos gusta el contenido de los artículos o porque estamos aburridos en la sala de espera del médico? ¿Leemos el periódico porque necesitamos saber lo que está pasando en el mundo o solo porque es lo que hemos hecho siempre? Escoja un material de lectura que apoye su meta de desarrollar y mantener pensamientos limpios y puros.

INTERNET

Curiosamente, el Internet se ha convertido en un centro único de compras para todo tipo de medios. Hay sitios completos dedicados a las noticias. De hecho, es probable que su periódico favorito tenga un componente en línea. La mayoría de las cadenas televisivas tienen sitios web con video clips de sus programas o incluso de episodios completos. Existe toda una industria dedicada a transmitir música por el Internet, y hay muchos sitios web que ofrecen radio en tiempo real para que usted lo escuche en el trabajo. Y están también los súper populares sitios web de video que presentan clips de prácticamente todo lo que se haya mostrado alguna vez en una pantalla.

Entonces, ¿por qué está usted en el Internet? La mayoría de las personas van a la red porque están aburridas o solo porque lo hacen siempre. Muy pocos de nosotros en realidad abrimos el navegador por una razón específica, encontramos lo que buscábamos, y luego cerramos el navegador inmediatamente. Incluso si entramos por una razón específica (para revisar nuestro correo electrónico, por ejemplo), rara vez nos detenemos ahí. Somos como los niños en la antigua tira cómica Family Circus quienes entran a la casa por la puerta de atrás, se detienen en la sala de estar para agarrar un juguete, suben al dormitorio para acariciar al gato, van a la cocina a beber algo y luego salen por la puerta de la entrada y solo entonces recuerdan que habían entrado a la casa para preguntarle algo a mamá.

> Todos los problemas del mundo podrían resolverse fácilmente si tan solo los hombres estuvieran dispuestos a pensar. El problema es que a menudo los hombres recurren a todo tipo de recursos para no pensar, porque pensar es un trabajo arduo.
> — Thomas J. Watson

A riesgo de probar la paciencia del lector, la pregunta sigue siendo, ¡adivinó!… "¿Por qué?" ¿Por qué visita usted los sitios que visita? ¿Los necesita con algún otro propósito que no sea la curiosidad? ¿Por qué pasa tanto tiempo en el Internet en sentido general? ¿Literalmente no tiene más nada que hacer? ¿Por qué está tan deseoso de chequear su correo electrónico? ¿En el fondo espera recibir un nuevo mensaje de alguien para validar su existencia?

Las preguntas pueden ser muchas y no siempre tienen que tener respuestas sospechosas. Tal vez usted tenga un motivo legítimo para chequear su correo electrónico cada cinco minutos. (Tal vez está tratando de hacer planes de última hora para la cena y está revisando si alguien le envió una confirmación.)

Tampoco es que sus motivos para involucrarse con cualquier tipo de medios tengan que ser nobles y elevados. Tal vez usted simplemente acaba de cortar la hierba en una calurosa tarde de sábado. Su esposa fue lo suficientemente amable como para darle un vaso de limonada fría, y usted se dejó caer en el sofá para disfrutarla. ¿Está bien encender el televisor para darle un vistazo al juego? ¡Claro que sí! Usted no tiene que pasarse una hora ahondando en su alma en busca de una motivación ni preguntarse qué haría Jesús. Y una vez que haya desarrollado un plan de comidas saludable, al saber qué consumir y en qué cantidad, así como qué cosas evitar, no tendrá que pasar tanto tiempo considerando cada decisión que vaya a tomar con relación a los medios. Con la misma facilidad que usted se queda dormido cuando está cansado, cambiará el canal cuando aparezca un canal que represente una tentación para su mente. La meta es desarrollar hábitos saludables de manera que las decisiones sean fáciles.

Aún así es bueno recordar que las relaciones deben ocupar el primer lugar. Después de dejarse caer en el sofá para ver el juego, tal vez se dé cuenta de que su esposa todavía esta de pie a su lado. Valore la situación desde el punto de vista emocional. ¿Qué necesita ella ahora mismo ¿Necesita hacerle una pregunta? ¿Necesita usted preguntarle qué esta pensando? (¿Ella está simplemente esperando que usted le dé las gracias?) Incluso si ella no le dice directamente lo que necesita, asegúrese de prestar atención a las señales no verbales que ella le está dando. No hay nada de malo con mirar el juego, pero recuerde que las personas tienen que estar en primer lugar.

AYUDA PRÁCTICA PARA HACERSE CARGO DE SU CONSUMO DE LOS MEDIOS

Tal vez usted no sea la persona más introspectiva del mundo y todo esto de considerar su motivo lo está poniendo un poquito nervioso. Aunque la motivación es fundamental, no es lo único. A continuación ciertas maneras concretas en las que usted puede ser el jefe de su consumo de medios.

PLAN

No hay un sustituto para el hecho de tener un plan de comidas para su consumo de los medios. Haga un inventario de su relación actual con las diversas formas de medios de comunicación. Decida qué cambios quisiera ver en sus patrones de consumo. Determine qué hará y qué no hará de ahora en adelante. Escriba su plan y luego seguir con él.

PÓNGASE UN TIEMPO LÍMITE

¿Alguna vez usted ha llevado un récord de cuánta televisión ve durante una semana? ¿Cuánto tiempo pasa leyendo y contestando correos electrónicos? Considere ponerse un límite de tiempo. Por ejemplo, solo va a ver televisión en ciertos horarios o ciertos días; solo va a leer el periódico los domingos; no pasará más de una hora por día en el correo electrónico (o lo que sea realmente adecuado para su trabajo). O revise su correo electrónico a la hora en punto en lugar de hacerlo cada vez que escuche el sonido indicando que tiene un correo electrónico nuevo. Solo escuche música cuando esté haciendo tareas domésticas o preparando la cena. Luego pídale a Dios que le ayude a cumplir con sus límites.

CREE FILTROS

Si usted tiene televisión por satélite o por cable, puede bloquear cierto tipo de contenido y canales específicos. Si su tendencia es pasarse los fines de semana cambiando películas, cree una lista de canales que bloquee o limite dichos canales.

Establezca filtros y buzones de correo para los correos de determinadas personas o para los que mensajes que contengan ciertas palabras clave. Por ejemplo, si usted recibe informes de ventas a diario, prepare un buzón de correo para esos documentos de manera que no se sienta tentado a mirarlos en el momento en que llegan a su bandeja de entrada.

DEPURE

Si tiene música inadecuada en su iPod, ¡bórrela! Si se siente tentado a pasar demasiado tiempo jugando al Solitario en su computadora, ¡bórrelo! Si su colección de DVD o su biblioteca de ficción contienen películas o libros que no cumplan con las normas de Filipenses 4:8, bótelos. Esto es algo obvio, pero crucial para la salud de su mente.

¿Está considerando si sus medios de comunicación son verdaderos, honestos, justos, puros, amables, de buen nombre; dignos de alabanza; o solo está ingiriendo cualquier cosa que el mundo le reparta? ¿Tiene usted el control de su consumo de los medios o es al revés?

EL PROGRESO DE JAKE

Jake realmente disfrutó y se benefició de su ayuno de los medios, pero desde que terminó el proceso de desintoxicación, él está permitiendo que su consumo de los medios regrese a los niveles anteriores, un poco más cada día. Todavía no ve tanta televisión como antes, y por lo general pasa el tiempo que maneja orando, aunque de vez en cuando enciende el radio. Pero el mayor problema de Jake es con el Internet.

Hace poco Jake ha descubierto que usa el Internet sin ningún motivo real. Entra a sus sitios deportivos favoritos y lee todo lo que haya disponible, incluso acerca de deportes que en los que nunca ha estado interesado. Visita los sitios de noticias y lee noticias sobre el mundo del entretenimiento que no significan nada para él. Y el fútbol virtual se ha convertido en su talón de Aquiles.

En los últimos años este pasatiempo cada vez más popular ha sido una diversión para Jake, pero ahora él pasa cada vez más y más tiempo leyendo sobre el mundo del fútbol virtual. Ha comenzado a prestar más atención a la televisión los domingos en la tarde con la esperanza de echarle un vistazo a los titulares con las estadísticas de los diferentes jugadores para poder evaluar cómo está desempeñándose su equipo ese día.

Durante la semana él visita varios sitios web de fútbol virtual para leer sobre las lesiones de los jugadores y para obtener consejos de los expertos en fútbol virtual en cuanto a cuáles jugadores deben tener buenos juegos según las estadísticas y cuáles deben tener juegos malos. Pasa tiempo en el sitio web de su propia liga, observando la reserva de jugadores disponibles con la esperanza de reforzar su propia alineación.

Los deportes virtuales de repente se han convertido para Jake en algo más que un pasatiempos, es más bien una obsesión, porque a su equipo le ha ido bien y tiene posibilidades de ganar la liga completa. No hay dinero en riesgo, él solo juega por divertirse, pero su deseo de ganar, su aplastante naturaleza competitiva, se está manifestando en su vida y en su mente.

Ahora él pasa tiempo lejos de la computadora pensando en su alienación. Un tiempo atrás él habría esperado hasta el final del domingo para revisar su puntuación y ver cómo le había ido a su equipo. Ahora él buscaba la puntuación en su celular a cada rato

La lectura es un medio para pensar con la mente de otra persona; te obliga a expandir la tuya.
— Charles Scribner, Jr.

independientemente de dónde él y su familia se encuentren.

Pero Jake está revisando la motivación de su corazón y está descubriendo que se ha apegado demasiado a este pasatiempo. Ya no se trata de divertirse y se ha vuelto cuestión de ganar. Pero no quiere dejar que su equipo perezca, eso no sería justo para el resto de los amigos con quienes él juega.

Luego de orar bastante al respecto, Jake encuentra una manera de volver a equilibrar esa obsesión al eliminar todo el tiempo extra que pasa investigando sobre los jugadores y leyendo comentarios. Le pide a Dios que examine esa parte de su corazón y la cambie para poder tener una mente más limpia y saludable. Luego de algunas semanas, descubre que su corazón ha cambiado y que sus prioridades han vuelto a estar en orden. Tiene más tiempo para su familia y para sí mismo, lo cual es excelente, porque ahora va a concentrarse en rodearse de gente positiva.

APLICACIÓN

Realice ahora estos cinco ejercicios para aplicar lo que aprendió en este capítulo.

1. Haga un inventario de los medios de comunicación. (Puede encontrar una Hoja de trabajo para el inventario e los medios en el Apéndice C de este libro.) Durante una semana haga una lista de todo lo que ve, lo que escucha o lo que lee junto con la cantidad de tiempo que pasa en cada actividad. Al final de cada semana, marque si cada elemento contribuyó a pensamientos saludables, pensamientos dañinos o a una mezcla de pensamientos saludables y dañinos. Haga un total de cuánto tiempo pasó alimentando su mente con pensamientos saludables, dañinos y mezclados.

2. Cree un plan de comidas para los medios para la próxima semana. (Puede encontrar una hoja de trabajo con plan de comidas para los medios en el Apéndice D de este libro.) Mencione cuáles medios planea consumir durante la próxima semana junto con cuánto tiempo planea gastar en dicha actividad. Al seguir el plan que ha creado, marque dónde su consumo real de medios varió con relación a su plan. ¿Qué puede aprender usted de estas diferencias?

3. Anote las respuestas a las preguntas siguientes: Con qué lucha más usted en cuanto al consumo de los medios. ¿En qué aspectos ya está experimentando la victoria? ¿Cuál cree usted que será el tipo de medio que le resultará más difícil poner bajo control? ¿Qué cambios planea hacer para convertir a los medios de comunicación en su amigo?

4. Considere cómo pudiera combinar el hacer del consumo de los medios un evento social.

- Lleve a su familia o amigos a un concierto y luego a tomar helado.
- Si tiene hijos pequeños, léales un libro en un momento inesperado del día (luego del desayuno). Usted llenará sus mentes con algo que es bueno y todo el mundo se beneficiará del tiempo extra que pasen acurrucados. (Si no tiene hijos pequeños, pero conoce algunos, ¡sus padres se alegrarán mucho de que usted los tome prestados para leerles un cuento!)
- Planifique en línea su próximo proyecto de remodelación o de arreglo del jardín junto con su cónyuge.
- Vea junto a su cónyuge (o su hijo pequeño o adolescente o su mejor amigo) la película favorita de este. Hagan palomitas de maíz, pongan almohadas y mantas en el suelo y disfruten el tiempo juntos. Si a usted le gustan las películas de acción y a ella los musicales de Broadway, o si ella es fanática de los documentales sobre la Segunda Guerra Mundial y usted es un entendido en todo lo que tiene que ver con los premios Oscar, sorprenderá mucho a la otra persona al sugerir la idea y le hará sentir amada y reconocida.

5. Revise su progreso en la dieta para la renovación de la mente. ¿Qué está yendo bien? ¿Qué no está yendo tan bien? Tome nota de cómo su manera de pensar ha cambiado desde que comenzó. ¿Qué progreso adicional le gustaría hacer en el futuro? ¿Qué tipos de ajustes necesita hacer para que eso suceda?

EJERCICIO NÚMERO 5

Rodéese de gente positiva

ENFOQUE

Decida pasar
tiempo con
personas que
suban el nivel

Mi viejo amigo Zig Ziglar dice a menudo. "No quiero andar con personas que alegran la habitación cuando se van; quiero andar con gente ¡que alegren la habitación cuando entran!" ¡A mí me pasa lo mismo!

¿Se acuerda de la maravillosa frase de Jack Nicholson en la película As Good as It Gets? [Mejor...imposible] En esa película Nicholson hace el papel de un imbécil insoportable, egoísta y obsesivo compulsivo con una mínima pizca de humanidad que solo se manifiesta en raras ocasiones. Helen Hunt, una camarera que al menos los tolera a él y a su conducta fastidiosa, le pregunta qué es lo que le cae bien de ella. Él se mueve nervioso y tartamudea durante unos instantes y luego lo suelta. "Tú me haces querer ser un hombre mejor". Esas son las personas que usted y yo tenemos que buscar; personas que quieran que seamos mejores esposos, esposas, amigos, padres y cristianos.

> Existe muy poca diferencia entre la gente, pero esa poca diferencia marca una gran diferencia. La pequeña diferencia es la actitud. La gran diferencia es si esta es positiva o negativa.
> — W. Clement Stone

Una vez escuché a una artista famosa, en la música y el cine, hablar sobre la diferencia entre los que permanecen con una mentalidad de pobreza y privación y aquellos que la vencen. Ella dijo algo así: "Cuando regresé a mi antiguo vecindario, veo a algunas de las mismas personas, paradas en las mismas esquinas de la calle, rodeados de los mismos amigos que han tenido desde que tenían diez años. Probablemente se queden ahí hasta cuando sean viejos. Yo decidí rodearme de personas que tenían metas y sueños similares a los míos. Nos reuníamos y probábamos nuestras canciones nuevas los unos con los otros, nos ayudábamos a refinar y mejorar lo que habíamos escrito. Nos animábamos a luchar por nuestros sueños y no dejábamos que nadie retrocediera. Esa es una parte importante de cómo llegué a estar donde estoy hoy."

Es tan fácil en nuestra cultura permitir que el pensamiento negativo y destructivo esté presente en nuestro hablar y en nuestras relaciones. Criticamos al jefe porque eso es lo que todos los demás hacen. Nos quejamos de los impuestos o de nuestro cónyuge o de nuestro auto porque simplemente eso es lo que la gente hace. A menudo es una manera rápida y cómoda de establecer una conversación. Pero ahora que nos hemos tomado el tiempo para limpiar nuestras mentes, no queremos volver a llenarlas con palabras negativas y críticas que las contaminen otra vez. En este capítulo vamos a buscar maneras de vivir la dieta para la renovación de la mente en voz alta mediante nuestras interacciones cotidianas con las personas.

> El lápiz promedio mide siete pulgadas de largo, y la goma solo mide media pulgada; por si acaso usted pensaba que el optimismo se había muerto.
> — Robert Brault

BUSQUE LUCIÉRNAGAS

Si usted pasó aunque fuera unos pocos días del verano fuera de la ciudad, es muy probable que usted y sus amigos trataran de cazar luciérnagas en la noche después de la cena. Uno tomaba un frasco viejo de mantequilla de maní, le hacía agujeros en la tapa y corría para ser el primero en agarrar a uno de los insectos resplandecientes.

Las investigaciones médicas han demostrado que las personas positivas tienen una buena salud inusual y evitan muchas de las enfermedades que otras personas tienden a padecer. Sus cuerpos parecen tener niveles mucho más altos de energía y una mejor capacidad para luchar contra las enfermedades, y por lo general viven más que las personas que permiten que el negativismo dirija sus vidas.

Así como las luciérnagas nos atraían cuando éramos niños, la gente positiva atrae a los demás. Tome unos segundos para pensar en las personas de su trabajo o de su iglesia que siempre parecen tener una palabra de ánimo o que escogen ver el lado bueno de un problema o situación. No estoy hablando de la gente que anda por ahí diciendo: "¡Alabado sea Dios! ¡Tengo una úlcera! o "¡Aleluya, desbaraté mi auto ayer!" Eso no es realista ni tan siquiera algo que nos recuerde a Jesús. Estoy hablando de las personas que ven los problemas como oportunidades o desafíos, personas que dicen: "¿El presupuesto para las misiones está escaso este mes? Hablemos con Dios al respecto y luego veremos que podemos hacer", o, "El jefe parece estar muy estresado hoy. ¿Cómo puedo animarlo o aligerar su carga?" Estas son las personas que tenemos que buscar y de quienes hacernos amigos.

Para describir mejor las cualidades de la gente positiva, demos un vistazo a un ejemplo bíblico de luciérnaga.

BERNABÉ RESPLANDECÍA

El libro de Hechos en le Nuevo Testamento describe el comienzo de la iglesia, destaca la obra de Dios mediante personas a medida que el cuerpo de Cristo nacía y se desarrollaba. Una de esas personas era José. Lo conocemos mejor por el nombre que los apóstoles le dieron, Bernabé, que significa Hijo de consolación (Hechos 4:36). A continuación algunas de las maneras en que Bernabé consolaba o animaba a otros.

BERNABÉ ERA GENEROSO (HECHOS 4:36-37)

Sin dudas Bernabé no fue el único miembro de la iglesia primitiva que vendió sus propiedades y entregó las ganancias a la iglesia. Pero el hecho de que lo hiciera nos dice algo importante acerca del carácter de este hombre de Dios así como de aquellos que de manera genuina animan a otros. No era egoísta sino que se enfocaba en los demás. No procuraba beneficiarse a sí mismo, sino que dio a los demás con sacrificio. Es decir, Bernabé era una persona generosa. Esto se cumplía en sus finanzas pero también en su manera de relacionarse con los demás.

> No ganamos nada con estar con gente como nosotros. Nos animamos unos a otros en la mediocridad. Siempre trato de estar con hombres más excelentes que yo.
> — Charles Lamb

BERNABÉ LE DIO UNA OPORTUNIDAD A PABLO (HECHOS 9:24-27)

Mientras que otros estaban renuentes o ansiosos o muy temerosos de recibir a Pablo en la comunidad de creyentes, Bernabé valientemente lo defendió y habló a su favor, instó a los discípulos a que lo recibieran con camaradería. Eso me recuerda cuando Jesús extendió su mano para tocar a un leproso. Tanto Jesús como Bernabé estuvieron dispuesto a "ensuciarse las manos" para levantar a otra persona. ¡Imagine cuán diferente sería la historia de la iglesia hoy si no hubiera sido porque Bernabé le dio una oportunidad a Pablo!

BERNABÉ APOYÓ LA OBRA DEL REINO (HECHOS 11:19-26)

La iglesia envió a Bernabé a dar seguimiento a un grupo de creyentes en Antioquía quienes habían comenzado a hablar del evangelio a los griegos y tenían mucho éxito. Los versículos 23-24 dicen: "Cuando él [Bernabé] llegó y vio las evidencias de la gracia de Dios, se alegró y animó a todos a hacerse el firme propósito de permanecer fieles al Señor". Y no solo eso, sino que Bernabé fue y buscó a Pablo y lo trajo consigo a Antioquía. Juntos pasaron todo un año con los nuevos cristianos, los animaron y los ayudaron a crecer en su fe. De un golpe Bernabé fortaleció la iglesia en Antioquía y ayudó a Pablo a encontrar un ministerio nuevo y productivo e involucrarse en el mismo.

BERNABÉ LE DIO A JUAN MARCOS UNA SEGUNDA OPORTUNIDAD (HECHOS 15:36-41)

Ya vimos que Bernabé le dio una oportunidad a Pablo. Ahora él le da a Juan Marcos una segunda oportunidad a pesar de las objeciones de Pablo. Juan Marcos se había unido a Pablo y a Bernabé en su primer viaje misionero, pero los abandonó para regresar a casa antes de terminar la misión. Pablo se oponía renuentemente a llevar a Juan Marcos con ellos en la segunda ocasión, pero Bernabé estaba igualmente decidido a darle una segunda oportunidad. Bernabé le dio más prioridad a animar a Juan Marcos en su ministerio que a seguir trabajando con Pablo y así surgieron dos nuevos equipos misioneros. Pablo se llevó a Silas y Bernabé a Juan Marcos.

En su libro 11, Len Sweet hace esta ilustración práctica de un Bernabé:

> Un Bernabé es… alguien que levanta los brazos cansados y desalentados; alguien que da una mano cuando

uno apenas puede escuchar el sonido de una palmada; alguien que te da permiso para fallar, permiso para hacer un primer borrador malo; alguien que puede recordarte que Dios nos da la porción adecuada para que lleguemos al final del día; …alguien que, cuando la vida nos deja sin aliento y uno trata de aguantarlo, nos da una palmada en la espalda y nos "inspira" con el Espíritu vivificante que nos hace querer respirar otra vez; alguien que nos levanta cuando estamos abatidos, hastiados de la vida, muertos de cansancio, cuando uno se siente acorralado e intimidado; alguien que nos anima cuando nos sentimos tentados a pensar que la única diferencia entre el yogurt y la iglesia de la que usted es miembros es que el yogurt tiene un cultivo vivo y activo.[1]

> Se considera grandes a las personas debido a las cualidades positivas que poseen, no por la ausencia de faltas.
> — Autor desconocido

Bernabé daba aliento tanto con sus acciones como con sus palabras, en su sinceridad y en su ejemplo de una vida cristiana. Daba ánimo porque era real, él lo vivía y cuando otros lo veían, se sentían inspirados y animados.

Tal vez a estas alturas ya usted esté listo para ir tras su Bernabé. O tal vez le asusta un poco la idea de tratar de encontrar un amigo o colega que esté a la altura del Bernabé bíblico. ¿Se acuerda de que al principio del capítulo hablamos de las personas que lo levantan, que le hacen querer ser alguien mejor? Bernabé es un ejemplo excelente de ese tipo de persona. Por supuesto, ahora la pregunta es, ¿adónde se han ido todos los Bernabé?

ENCONTRAR A BERNABÉ

Tal vez usted ya se percató de que el encabezamiento anterior no dice "Esperar por Bernabé" ni "Desear un Bernabé". La razón

El que anda con
sabios, sabio será;
Mas el que se junta con
necios será quebrantado
— Proverbios 13:2

es que muy pocas veces alguien le tocará a la puerta y usted escuchará las palabras: "Hola, vine para ser su Bernabé. Quiero fortalecerle y motivarle a vivir una vida mejor. ¡Empecemos!"

Solo podemos rodearnos de personas positivas al ir adonde estas se encuentran. Dicho esto, el primer lugar donde encontrar gente positiva es justo en su mesa de noche (o donde sea que usted guarde su Biblia). La persona que mejor demostró todas las cualidades que usted está buscando fue Jesucristo. Eso no quiere decir que para él el mundo fuera color de rosa. No, él dijo: "En el mundo tendréis aflicción". Pero apenas sin respirar entre una oración y otra, él siguió diciendo: "pero confiad, yo he vencido al mundo" (Juan 16:33). Comience a leer los evangelios, busque las formas en que Jesús quiere reafirmarle, para aumentar su fe y su esperanza, para hacerle más semejante a él.

El próximo paso para rodearse de personas positivas es la oración. Para volver a citar a Jesús: "vuestro Padre sabe de qué cosas tenéis necesidad, antes que vosotros le pidáis" (Mateo 6:8). Dios ya sabe que usted necesita personas en su vida que le fortalezcan y le ayuden a enfocarse en él. Ya él ha provisto para usted. Pero no obstante quiere que usted le hable al respecto. Pídale que le abre los ojos para ver personas positivas en el trabajo, en la iglesia o en otros lugares que usted frecuente. Luego pídale que le muestre cómo interactuar con ellos de la mejor manera. ¿Necesita invitar a alguien a tomar un café y preguntarle cómo hace para mantener su mente enfocada en cosas positivas? ¿Necesita comenzar un estudio bíblico para usted y algunas otras personas que quieran desarrollar una relación más profunda con el Señor? ¿Ha pensado en pedirle a alguien que le sirva de mentor en este aspecto?

Una vez que le haya pedido a Dios que le muestre los Bernabé que tiene para usted, ¡espere un resultado positivo! Puede estar seguro de que está orando dentro de su voluntad cuando le pida esto. Jesús dijo: "Por tanto, os digo que todo lo que pidiereis orando, creed que lo recibiréis, y os vendrá" (Marcos 11:24). (Por supuesto, no estoy sugiriendo que use este versículo para pedir un millón de dólares y un Lamborghini. Sin embargo, creo que esto se aplica a lo que sí sabemos que es la voluntad de Dios para nosotros" desarrollar la mente de Cristo, alinear nuestros deseos con los de él, un mayor amor hacia él y hacia su pueblo, etc). Crea que él quiere traer a su vida aquellas personas que le edificarán y fortalecerán su fe, y luego crea que él ya le ha respondido su oración.

> Qué gran favor le hace Dios a aquellos que coloca en compañía de buenas personas.
> — Teresa de Ávila.

Veamos cómo le va a Jake con el ejercicio cinco.

EL PROGRESO DE JAKE

Jake se siente bendecido de tener una esposa que lo apoya en su dieta para la renovación de la mente. Él sabe que ha tenido altas y bajas y que su progreso no ha sido del todo estable, ha tenido algunos retrocesos. Por supuesto, ella ha estado participando también en la dieta mental y tampoco ha sido perfecta. Pero ha sido interesante ver cómo Dios les ha evitado desanimarse al mismo tiempo. Cuando Laurie se ha desanimado, Jake ha podido recordarle el valor de lo que están haciendo y cuando él ha batallado, Laurie le ha animado con palabras de elogio por los beneficios que su perseverancia está trayendo a su matrimonio y su familia.

Sin embargo, Jake sabe que no puede buscar en su esposa su única fuente de aliento. Esa es una expectativa demasiado grande para cualquier persona. Él sabe que también necesita cultivar amistades positiva fuera del hogar.

Para empezar Jake ha decidido volver a leer los evangelios, en esta ocasión buscando específicamente cómo Jesús animaba a sus discípulos y a otros que lo escuchaban hablar. De hecho, compró una Biblia económica con letras en rojo para poder encontrar rápidamente las palabras de Jesús y luego subrayar aquellas que se destaquen de forma particular.

De camino al trabajo esta mañana, él le pidió a Dios que le mostrara una persona positiva que el pudiera llegar a conocer mejor. El ambiente en su oficina por lo general no es muy optimista, pero Jake sabe que Dios es más grande que los ambientes y las circunstancias.

Armado con esta nueva perspectiva, y sintiendo que tenía una especie de misión, Jake se propuso escuchar las diversas conversaciones mientras llegaba a su oficina esa mañana y luego en el comedor. No era que escuchara a escondidas para obtener información, era solo escuchar a la gente hablar sobre su fin de semana y el trabajo que tenían en la semana que tenían por delante, escuchar a compañeros de trabajo que enfocan la vida con una perspectiva más positiva, en busca de posibles Bernabé.

De regreso a casa, Jake rechazó el desánimo. Había obeservado y orado durante el día, pero realmente no había encontrado a nadie que resaltara como una persona positiva, alguien que tuviera las cualidades que Jake estaba buscando.

Durante el resto de la semana Jake siguió orando por una persona que estuviera a su lado y fuera su Bernabé.

El domingo siguiente, en la reunión de parejas en su grupo pequeño, Jake reunió el valor para decirles a los demás por lo que había estado orando. Cuando terminó, el grupo permaneció en silencio. Por fin uno de los hombres dijo: "Jake, yo he estado orando por lo mismo durante algunos meses". Otros dos hombres asintieron.

Al final de la jornada, se había formado una rama dentro del grupo. Tres hombres planeaban reunirse para almorzar juntos cada martes con el objetivo de animarse y de orar unos por otros. Jake sabía que no era exactamente una gran nube de testigos, pero era un comienzo bastante bueno, y le daba gracias a Dios por responder a su oración.

APLICACIÓN

Realice ahora estos cinco ejercicios para aplicar lo que aprendió en este capítulo.

1. Haga una lista de todas las personas en las que puedan pensar en su vida, pasada y presente, que le han servido de aliento. Escriba sus nombres, y si puede recordarlos, escriba ejemplos específicos de cómo le han animado. Ore y agradézcale a Dios por traer gente así a su vida cuando las necesitaba. Luego escoja una o dos personas de su lista y hágales una nota de agradecimiento diciéndoles qué bendición y regalo de Dios fueron para usted.

2. Escriba sus respuestas a las preguntas siguientes: ¿Cuáles son las personas más alentadoras que usted ve de manera habitual? ¿Cómo le han alentado a usted a nivel personal? ¿Cuánto ánimo necesita usted en su vida ahora mismo? ¿Cuántas personas cree usted que le identificarían como una fuente de ánimo en sus vidas? ¿A quién conoce usted que necesite un Bernabé en su vida en este momento? ¿Cómo ayudará usted a satisfacer esa necesidad?

3. ¿Necesita ánimo en su vida en este momento? Pruebe orar para que Dios le dé la oportunidad de animar a otra persona en el día de hoy. A veces el mejor ánimo que usted puede recibir viene de ser una fuente de ánimo para otros.

4. ¿En qué punto se encuentra usted en su búsqueda de rodearse de personas positivas? ¿Leyendo sobre el tema? ¿Orando? ¿Esperando? ¿Qué necesita hacer para seguir adelante? Anote su plan y dé pasos pequeños para lograrlo cada día.

5. Bernabé no fue la única persona que dio ánimo en el Nuevo Testamento. Lea sobre Onesíforo en 2 Timoteo 1:16-18. ¿Por qué Pablo estaba tan agradecido para con Onesíforo? ¿Qué hizo este que significó tanto para Pablo? ¿Quiénes son los Onesíforos de su vida? ¿Cómo puede usted ser un Onesíforo para otros?

Refuerzo

Tercera semana

EJERCICIO NÚMERO 6

Cree un círculo de rendición de cuentas

ENFOQUE

El éxito a largo
plazo en la
dieta para la
renovación de
la mente implica
rendir cuentas

Cuando se trata de hacer dietas y de bajar de peso, hay un elemento clave que hace que sus posibilidades de tener éxito aumenten considerablemente: rendir cuentas. Ya sea que usted asista a reuniones organizadas o que lo haga de manera informal con un amigo por teléfono o por correo electrónico, tener a alguien de su lado fortalece su decisión y aumenta sus habilidades más allá de su capacidad normal. Además de tener a alguien que le anime en su empeño, una persona a quien rendir cuentas también puede ayudarle a dar seguimiento a su progreso, asegurándose de que usted no pierda el rumbo.

Piense en un avión comercial. Desde el momento en que el avión sale de la terminal y hasta que llega a su destino, la tripulación se mantiene en contacto con una persona clave en tierra, el controlador aéreo. El trabajo del controlador aéreo es garantizar que el avión no pierda el rumbo y ayudar a la tripulación a llevar el avión de forma segura a su destino. El piloto vuela el avión, pero el controlador aéreo hace que el piloto cumpla con seguir el plan de vuelo aprobado.

Una dieta (o un vuelo) es una empresa grande. Y una dieta de la mente más todavía. Es en esencia cambiar un estilo de vida por otro y constituye una carga que es mejor no llevarla solos. Hay demasiada tentación a rendirse o a ceder. Cuando alguien le ayuda a llevar el peso de su diete para la renovación de la mente, usted no eliminará la tentación por completo sino que recibirá refuerzo y ánimo, y un poco de incentivo extra para mantener el rumbo puesto que usted sabe que alguien le va a preguntar.

Al lanzarse a su tercera semana de la dieta para la renovación de la mente, propógnase encontrar alguien a quien rendir cuentas, una persona que le dé el ánimo necesario y que le apoye para que usted pueda cumplir con sus nuevos compromisos. Pero primero, concentrémos en un compañero de rendición de cuentas que ya existe y está esperando la oportunidad de apoyarlo en su empeño.

"Las personas que vienen a las reuniones de Weight Watchers bajan de peso tres veces más que aquellos que lo hacen solos". (Según se informó en el número de abril de 2003 de la revista Journal of the American MedicalAssociation, 289[14]:1792.)

DOS TIPOS DE RENDICIÓN DE CUENTAS

Para el cristiano existen dos tipos de rendición de cuentas: Responsabilidad ante Dios y responsabilidad ante los demás cristianos. El rendir cuentas a Dios se produce más a menudo a nivel interno cuando usted se comunica y conversa con el Señor de la creación mediante la oración. David el salmista ilustra el aspecto de rendir cuentas que una persona puede encontrar en una relación con Dios en esta oración hermosa y ejemplar: "Examíname, oh Dios, y conoce mi corazón; Pruébame y conoce mis pensamientos; Y ve si hay en mí camino de perversidad, Y guíame en el camino eterno" (Salmo 139:23-24). Esa es una oración que cualquiera de nosotros podemos aprender a hacer y es perfecta para alguien que esté pasando por la dieta para la renovación de la mente como usted. Permita que le recuerde que usted es reponsable ante Dios por la salud de su mente, y espere que Dios responda a su oración.

Durante muchos siglos los cristianos se han involucrado en un ejercicio espiritual denominado Oración de examen. Se remonta a los tiempos de Ignacio de Loyola, pero es posible que sea más antigua. La Oración de examen es más o menos una manera de realizar un autoexamen espiritual en la presencia de

Dios. Haga una búsqueda en Google el término Oración de examen y encontrará muchos recursos en línea para ayudarle a aprender acerca de hacer esta oración. (Por supuesto, use su pensamiento crítico para escoger los sitios web que más cumplan con una perspectiva bíblica de la fe cristiana.)

Los elementos básicos involucrados en esta antigua práctica cristiana son: reconocer la presencia de Dios en su vida, expresar gratitud a Dios por su bondad para con usted, repasar con Dios las últimas 24 horas de su vida y responder a Dios de la forma que parezca adecuada en base al repaso de su día. Esto pudiera implicar pedir perdón, buscar dirección o alabanza y acción de gracias.[1] Hacer la Oración de examen es una forma sobresaliente de enfocar su corazón en la obra de Dios en su vida así como de reconocer y poner en prácitca su responsabilidad ante él.

El rendir cuenta a otros cristianos puede producirse de manera un tanto informal cuando usted participa en la comunidad de una iglesia. Su iglesia tiene determinadas expectativas con respecto a sus miembros y es probable que la gente de su iglesia le ayude a entender cuáles son esas expectativas y, hasta cierto punto, hacerle responsable de vivir acorde a estas. Aparte de eso, también es útil que los cristianos se sometan a una rendición de cuentas más intensa con uno o dos cristianos más.

Este tipo de relación para rendir cuentas es completamente bíblica, como se demuestra en Santiago 5:13-16:

¿Está alguno entre vosotros afligido? Haga oración. ¿Está alguno alegre? Cante alabanzas. ¿Está alguno enfermo entre vosotros? Llame a los ancianos de la iglesia, y oren por él, ungiéndole con aceite en el nombre del Señor. Y la oración de fe salvará al enfermo, y el Señor lo levantará; y si hubiere cometido pecados, le serán perdonados. Confesaos vuestras ofensas unos a otros, y orad unos por otros, para que seáis sanados. La oración eficaz del justo puede mucho.

El pasaje presenta la sabiduría que hay al dejar que otros compartan sus cargas, tantos en las buenas (alegre) como en las malas (afligido, enfermo). Observe que en esto de compartir las cargas, el versículo 16 nos implora que confesemos [nuestras] ofensas unos y que oremos unos por otros, para que [seamos] sanados. La implicación es que todos necesitamos sanidad: física, mental, emocional, espiritual, y apoyarnos los unos en los otros es una manera bíblica de alcanzar esa sanidad.

A diferencia de una dieta física, en la que su compañero de rendir cuentas apenas le ayuda a estar al tanto de sus hábitos alimenticios, el proceso de renovar su mente necesita de alguien con quien usted esté dispuesto a hablar muy íntimamente sobre sus pensamientos. Por esta razón usted necesitará considerar seriamente varios asuntos antes de acercarse a alguien para establecer una relación de rendición de cuentas.

CUALIDADES DE UN COMPAÑERO O GRUPO DE RENDICIÓN DE CUENTAS

La rendición de cuentas funciona mejor de persona a persona o en grupos pequeños. Si ya usted está involucrado en un grupo pequeño a través de su iglesia, un grupo en el que tiene relaciones fuertes con todos los participantes, cada uno pudiera participar

> Los antiguos romanos tenían una tradición, cada vez que uno de sus ingenieros construía un arco, mientras colocaban la piedra superior, el ingeniero asumía la responsabilidad por su trabajo de la manera más profunda posible: se paraba debajo del arco.
> — Michael Armstrong

en una dieta para la renovación de la mente y animarse mutuamente cada vez que se reúnan. Sin embargo, si no está involucrado en un grupo así, necesitará buscar un poco para encontrar a una persona que le venga bien en una relación de rendición de cuentas.

1. ESCOJA UN COMPAÑERO DE REDICIÓN DE CUENTAS QUE SEA DEL MISMO SEXO.

Esto es crucial. Usted hablará de detalles íntimos de sus pensamientos y es demasiado fácil permitir que esa intimidad se vuelva inadecuada. (A efectos de este debate vamos a usar hombres como ejemplos, pero sin lugar a dudas las mujeres tienen la misma necesidad de rendir cuentas.)

2. ESCOJA A ALGUIEN DE SU MISMO NIVEL

Si es posible, estableza una relación de rendición de cuentas con alguien que esté a su mismo nivel. Es decir, cuando cada persona trata a la otro como si fueran iguales en cuanto a posición o estatus, en lugar de que una persona sea considerada el maestro, mentor o consejero. Usted está buscando un compañero, no un supervisor. Lo ideal sería que su compañero o compañeros también estén participando en la dieta para la renovación de la mente. Si no es así, o si ya lo han hecho, asegúrese de que comprenda que su papel no es ser un consejero o mentor, ni un policía de la dieta sino representar una presencia de apoyo y ánimo en su vida.

3. ESCOJA A ALGUIEN QUE ESTÉ MADURANDO ESPIRITUALMENTE

Ya que usted está buscando algo más que un amigo con quien hablar del estado del tiempo o de sus familias, debe buscar una persona que esté creciendo en su vida cristiana, alguien que esté buscando una relación más profunda con Dios. Esta persona estará:

- Enfocada en su conducta: no le tentará a hacer actividades inmorales.
- Limpia en el sentido cognitivo: no contaminará su mente con pensamientos impíos.
- Pertinente en el sentido emocional: le animará a ser franco y veraz.
- Renovada espiritualmente: de manera constante se invierte en la relación personal que usted tiene con Dios.[2]

4. ESCOJA UNA PERSONA QUE NO LE JUZGUE

Lo menos que usted necesita cuando empiece a contarle a alguien sus pensamientos más íntimos es que esa persona le humille verbalmente por tener tales pensamientos. La mente puede ser un lugar bastante desordenado. El motivo por el cual usted está haciendo la dieta para la renovación de la mente es porque quiere asumir la responsabilidad de la misma y limpiarla.

5. ESCOJA A ALGUIEN QUE COMPRENDA SU PROPIA FRAGILIDAD

La mejor manera de estar seguro de que su compañero de rendición de cuentas puede escucharle sin juzgarle es escoger solamente a alguien que con gentileza comprenda que él también es un pecadaor, que todos lo somos. Es solo cuando entendemos nuestra propia fragilidad que podemos ministrar verdaderamente a otros en su fragilidad. Una persona que nunca lucha con el pecado (o para ser más precisos, que nunca reconoce hacerlo) no será un buen compañero de rendición de cuentas para usted en su dieta para la renovación de la mente.

6. ESCOJA UNA PERSONA QUE SEA DIGNA DE CONFIANZA

Ya que usted revelará la verdad sobre sí mismo y sus pensamientos, debe saber que puede confiar en su compañero de rendición de cuentas para guardar secretos. No sienta pena de preguntar directamente al a persona si puede guardar un secreto y si alguna vez en el pasado no lo ha hecho. Si es así, pregunte cuáles fueran las circunstancias en las que traicionó la confianza. Nunca estará de más ser cuidados cuando se trat de hablar a este nivel. Una persona que no se sienta cómoda cuando le hagan estas preguntas probablemente no sea el compañero de rendición de cuentas adecuado para usted.

7. ESCOJA A ALGUIEN QUE PUEDA HABLARLE LA VERDAD EN AMOR

Aunque usted necesita a alguien que pueda escucharle y comprenderle sin juzgarle, también necesita una verdadera rendición de cuentas y no una palmada en la espalda ni que se racionalicen su conducta y sus actitudes. Encuentre a una persona a quien usted sepa que pueda mirarle a los ojos y decirle: "Mi hermano, te amo y te respecto pero eso estuvo mal". Incluso, busque una persona de quien esté dispuesto a esuchar la verdad en amor. Es decir, neceesita ser una persona a la que usted respete y en quien confíe.

Como puede ver, los requisitos para un compañero de rendición de cuentas son bastante altos. Es probable que no se encuentre con el candidato perfecto en la fila para pagar del mercado. De hecho, puede tomarle algún tiempo encontrar la persona idónea. Tenga paciencia. Esta decisión es demasiado importante como para apurarse al tomarla. Confíe en que Dios le llevará a la persona idónea en su tiempo.

> Mejores son dos que uno; porque tienen mejor paga de su trabajo. Porque si cayeren, el uno levantará a su compañero; pero ¡ay del solo! que cuando cayere, no habrá segundo que lo levante. También si dos durmieren juntos, se calentarán mutuamente; mas ¿cómo se calentará uno solo? Y si alguno prevaleciere contra uno, dos le resistirán; y cordón de tres dobleces no se rompe pronto.
> Eclesiastés 4:9-12

De la misma manera, solo porque pudiera ser difícil encontrar a alguien no use eso como excusa para posponer el buscar una persona o para eliminar del todo la práctica de rendir cuentas. Como dije al comienzo del capítulo, nada le ayudará a alcanzar el éxito en la dieta para la renovación de la mente como tener a otra persona que le pida cuentas por cumplir con la misma.

En lugar de sencillamente esperar que encontrará a alguien, pídale a Dios que le dirija a la persona que él tiene para usted, y luego salga a encontrarla. Este es otro ejemplo que usted puede reclamar, Marcos 11:24: "Por tanto, os digo que todo lo que pidiereis orando, creed que lo recibiréis, y os vendrá", porque puede estar seguro de que es la voluntad de Dios que usted alinee sus pensamientos con su Palabra.

Si le da pena pedirle a una persona que considere reunirse con usted para esto, hable con su pastor o con otro líder de su iglesia. Probablemente les emocionará que usted esté dando este paso y harán cualquier cosa que les sea posible para ayudarle a encontrar la persona adecuada para que usted pueda rendirle cuentas. Al mismo tiempo, no escoja un compañero para rendir cuentas basado solamente en la recomendación de su pastor. Necesita ser elegido por usted porque es usted quien gana o pierde más. Una vez que haya encontrado la persona correcta, su pasor u otro líder de la iglesia pudiera incluso estar dispuesto a facilitar una reunión inicial y ayudarle a establecer las normas básicas y tener un buen comienzo.

A continuación veamos los elementos de una buena reunión de rendición de cuentas.

QUÉ HACER CUANDO USTED SE REÚNE CON SU COMPAÑERO DE RENDICIÓN DE CUENTAS

En su primera ruenión con su compañero o grupo de rendición de cuentas, usted debe establecer un horario y algunas reglas básicas. A efectos de esta sección vamos a suponer que la persona o las personas con las que usted se reunirá también se someterán a rendir cuentas, pero los principios y el proceso pueden funcionar igual de bien si usted está en un marco de persona a persona en el que solo usted se expresa.

ESTABLEZCAN UN HORARIO Y UN PERÍODO DE TIEMPO

El primer asunto de su primera reunión debiera ser decidir cuán a menudo quieren (o necesitan) reunirse. Tal vez necesiten reunirse una vez a la semana al principio, quizá dos veces al mes. Lo más importante es establecer un tiempo y lugar habituales; pueden ajustar la frecuencia en la marcha. También consideren cuánto quieren que dure la relación. En la mayoría de los casos, en lugar de acordar reunirse indefinidamente, deben establecer una duración específica para la relación, como seis meses o un año. Luego, al final de ese período, pueden decidir si quieren volver a comprometerse o si quieren seguir cada cual por su lado.

ESTABLEZCAN NORMAS BÁSICAS

Las relaciones para rendir cuentas son un asunto serio así que es fundamental que usted y su compañero o compañeros estén de acuerdo en mantener la confidencialidad. Eso significa que lo que se diga en el grupo no puede salir de ahí. Punto. No se puede hablar fuera del grupo con los cónyuges u otras amistades acerca de nada que se trate en las reuniones a menos que tenga el permiso específico de la persona que dio la información. Tal vez incluso quieran hacer un pacto de confidencialidad y hacer que cada persona lo firme. (En el Apéndice E de este libro encontrará un ejemplo de un Pacto de rendición de cuentas.) Sin un compromiso verbal o escrito así, y un cumplimiento estricto del mismo, su relación de rendición de cuentas no puede durar.

COMIENCEN CON ORACIÓN

Siempre. Es fácil olvidar este paso, así que asegúrense de disciplinarse e incluir a Dios en su reunión desde el principio al orar por su presencia, sabiduría, misericordia y dirección durante la reunión. Pídanle a Dios que le de a cada uno la valentía para ser honestos con él y con los demás. Oren para tener discernimiento en cuanto a qué preguntas hacerse y por expresar amor y gracia.

HAGAN UN BREVE RESUMEN

Después de orar juntos, dele a cada persona la oportunidad de expresar brevemente (no más de cinco minutos) cómo le ha ido tratando de mantener su mente saludable y con qué cosas ha luchado más. Como grupo incluso pudieran decidir pedir a cada persona que escriba su resumen de antemano y lo lea al grupo. Esto animará a cada persona a pensar por adelantado sobre qué hablará en la reunión. Al prepararse para la reunión cada persona puede estar segura que sacará el máximo provecho de la misma.

La diferencia entre las relaciones cristianas para rendir cuentas y aquellas basadas en ideas seculares es que el cristiano busca transformar y redimir a la persona como un todo y no sencillamente la conducta (o patrones de pensamiento) dañinos.
— Rob Jackson.

PROFUNDICEN EN LO QUE HABLEN

Una vez que cada persona haya tenido la oportunidad de hacer un breve resumen, entonces escogerán a alguien que será el primero en ahondar más en cuanto a sus pensamientos. Los compañeros de rendición de cuentas pueden hacer preguntas específicas como las que aparecen en el Apéndice F para animar a la persona a profundizar más. Comiencen haciendo preguntas que parezcan más seguras y menos sagaces como: "Cuéntanos más en cuanto a tus pensamientos de esta semana", o "¿En qué has tenido mucho éxito en cuanto a tus pensamientos durante esta semana?"

Poco a poco, según la persona se sienta más cómoda al hablar, pasen a preguntas más desafiantes.

En relaciones de rendición de cuentas más nuevas quizá no profundicen tanto en las primeras reuniones mientras están conociéndose y fomentando la confianza de manera que todos se sientan seguros. Asegúrense de ir a un ritmo que sea cómodo para todos y de no obligar a las personas a hablar demasiado pronto. Deje que cada persona decida cuán rápido quiere franquearse y hablar más. Sin dudas puede invitar o animar a alguien a profundizar más, pero asegúrese de que nadie se sienta obligado a hacer más de lo que le sea cómodo. A veces se necesita paciencia para permitir a una persona desarrollar la confianza suficiente como para expresarse al nivel que necesita hacerlo, pero en realidad esa es la única manera de desarrollar una relación de rendición de cuentas saludable.

A medida que usted desarrolle confianza en su grupo o compañero de rendición de cuentas, deles permiso para preguntarles cualquier cosa, independientemente de cuán personal le parezca. No debe haber tema que esté fuera de los límites, ya sea su matrimonio, sus hábitos, sus finanzas, la manera en que trata a otras personas, la forma en que interactúa con el sexo opuesto, sus pensamientos más íntimos acerca de todas esas cosas, nada es sagrado cuando se trata de su compañero de rendición de cuentas. Por ejemplo: "¿Cuánto tiempo pasó viendo televisión durante esta semana?" "¿Qué diferencia hubo con lo que usted había programado?" "¿Qué le ha mostrado Dios acerca de usted mismo esta semana?" "¿Qué está haciendo usted con ese conocimiento?"

> Y considerémonos unos a otros para estimularnos al amor y a las buenas obras; no dejando de congregarnos, como algunos tienen por costumbre, sino exhortándonos; y tanto más, cuanto veis que aquel día se acerca.
> Hebreos 10:24-25

Esos tipos de preguntas pudieran parecer un tanto invasivas al principio, pero son fundamentales para forjar el tipo de relación profunda que se necesita para rendir cuentas. Y, asombrosamente, existe un alivio enorme al compartir este tipo de información con alguien. Guardarse las respuestas a estos tipos de preguntas tiende a llevar a un ciclo interminable de dudas en sí mismo y a la autorecriminación. Sacarlas a la luz y escuchar que alguien más lucha con las mismas cosas produce apoyo y es liberador.

La última pregunta, la más vital, y posiblemente la más dolorosa es: "¿Ha respondido honestamente a todas las preguntas anteriores?" Pudiera parecer exagerado pero rendir cuentas sin una honestidad total no es rendir cuentas.

Si usted está en un grupo o relación en la que más de una persona se está sometiendo a la rendición de cuentas, después de que la persona termina de hablar, dele a otra persona la oportunidad de ahondar más en cómo está yendo su dieta para la renovación de la mente. Prosiga hasta que todos hayan tenido la oportunidad de hablar a un nivel más profundo. Si está en un grupo más grande, puede establecer una rotación habitual, de manera que solo dos o tres persona hablen a este nivel en cada reunión.

FINAL DE LA REUNIÓN

Una vez que todos hayan tenido la oportunidad de hablar, usted puede comenzar a cerrar la reunión. Agradezca a cada persona por su honestidad y por brindar su apoyo. Recuérdense unos a otros cuándo y dónde se celebrará la próxima reunión. Comprométanse a orar unos por otros mientras tanto. Luego, el úlitmo elemento de su reunión es el mismo que el primero, oren juntos. Agradezcan a Dios por permitirles ser honestos unos con otros, denle gracias por su perdón y pídanle que les fortalezca y les dé la capacidad mediante su Espíritu para llevar cautivos sus pensamientos y vivir para él en los días que tienen por delante.

NO SE OLVIDEN DE TERMINAR

Cuando llegue el momento de que su relación de rendición de cuentas termine, es posible e incluso probable que usted y otros tengan sentimientos muy fuertes. Han invertido mucho en cada uno y quizá hasta se han apegado mucho los unos a los otros. Asegúrense de darse tiempo para sufrir por el final de la relación de rendición de cuentas. Hablen de lo que han disfrutado, lo que van a extrañanr y cómo será su relación en el futuro. Mencionen lo que han apreciado de sus compañeros. Al pasar juntos por este proceso de culminación estarán mucho mejor preparados para el final de la relación.

Ahora veamos a Jake.

EL PROGRESO DE JAKE

SUGERENCIAS PARA ASPECTOS INICIALES DE RENDICIÓN DE CUENTAS
- Vida de oración
- Lectura de la Biblia y tiempo de estudio
- Asuntos de integridad
- Pasar tiempo con la familia
- Tratar con la haraganería (o algún otro rasgo del carácter que se haya convenido)
- Problemas relacionados con el trabajo
- Albergar ira o resentimiento
- Ejercicios, dieta
- Cosas que se hayan conversado anteriormente

Jake está emocionado ante la posibilidad de invitar a alguien más al mundo de sus pensamientos. También está un poco ansioso ya que nunca antes lo ha hecho. Pero la idea de tener un compañero que le ayude a mantener su mente limpia encierra algo intrigante y motivador. Ya que Laurie hizo con él el ayuno de los medios y está participando en una dieta general para renovar su mente, él sabe que puede confiar en ella para rendirle cuentas (y ella sabe que puede confiar en él también).

Sin embargo, él también sabe que hay partes de su vida interior que sería mejor hablarlas con otro hombre, alguien que aborde la vida desde su misma dirección. Laurie sabe que esto también le sucede a ella, así que deciden que cada uno buscará una relación íntima que tengan dentro del cuerpo de su iglesia.

Jake comienza a reunirse con su amigo Paul, y lo hacen cada dos semanas para tomar café y conversar. Es asombroso que aunque Jake ha dado pasos agigantados en su vida espiritual, y por lo tanto en su vida en sentido general, él realmente no ha hablado de esto con nadie fuera de su esposa. Al hablar de esos asuntos con Paul, ponerlo al día de los cambios que ocurren en su mente, Jake cobra aún más vida y comienza a ver cuánto ha avanzado realmente.

También reconoce el equilibrio que Paul da a la conversación, especialmente cuando hablan de cosas que les afectan como hombres. Por supuesto esto se aplica al aspecto de la tentación sexual, pero también a la masculinidad en general: la responsabilidad de ser líder en el hogar, las presiones comunes de sus vidas, y otras cosas. La asociación con Paul es una realción que da mucha vida a Jake.

Jake también ha comenzado a conversar con algunas personas en el trabajo, especialmente un compañero que asiste a una iglesia diferente a la suya. Aunque están de acuerdo en los aspectos básicos de su fe, hace poco han tenido debates interesantes sobre el rol político de los cristianos en el mundo de hoy. ¿Deben estar activos en la política los cristianos o no? Jake tenía su propia opinión hasta que comenzó a conversar con este hombre quien tenía una opinión diferente. Luego de escuchar lo que este compañero de trabajo tenía que decir, Jake comenzó a reconsiderar sus propias opiniones. Recurrió a la Biblia y descubrió un pasaje que apoyaba lo que él ya había decidido. Pero la investigación y las concesiones mutuas con este compañero le ayudaron a

> La preuba más elevada de la verdadera amistad es la intimidad que no oculta nada y permite al amigo compartir nuestros secretos más íntimos.
> — Andrew Murray

afianzar su creencia y al final esa relación lo llevó a pensar en cosas más elevadas, algo que trataremos más en otro capítulo.

Otra cosa que en verdad contirbuyó al cambio total de Jake, y que ya mencioné antes, es la próxima práctica en la que nos enfocaremos en el proceso para la renovación de la mente, la oración.

APLICACIÓN

Realice ahora estos cinco ejercicios para aplicar lo que aprendió en este capítulo.

1. Aparte quince minutos cada día durante una semana para examinar su corazón en la presencia de Dios mediante la oración, use el patrón que se mostró en este capítulo. Pídale a Dios que le revele en qué ha triunfado y dónde necesita concentrar más empeño y energía.

2. Identifique dos o tres personas a quienes ya conozca que pudieran ser un buen compañero de rendición de cuentas para usted. Si no conoce a nadie que pudiera reunir los requisitos, pídale a un pastor u otro líder de la iglesia que le ayude a elaborar la lista. Comience a orar por cada persona de su lista a diario y pídale a Dios dirección para escoger un compañero de rendición de cuentas, ya sea alguien que esté en su lista o alguien en quien usted no ha pensado o que ni siquiera ha conocido.

3. Decida cómo se acercará a la persona a quien quiere pedirle que sea su compañero de rendición de cuentas. ¿Quiere hablar con la persona mediante un correo electrónico, por teléfono o en persona? La mayoría de las veces resulta bien usar el correo electrónico o el teléfono para coordinar una reunión cara a cara. Póngase una meta para hacer ese contacto. Esté preparado pues la primera persona que contacte pudiera al final no ser su compañero de rendición de cuentas por un motivo u otro.

4. Prepárese bien para su primera reunión de rendición de cuentas. Sepa qué le dirá a su posible compañero de rendi-

ción de cuentas con relación a lo que espera lograr y lo que espera que la persona pudiera hacer para ayudarle. Considere de antemano cuán a menudo les gustaría reunirse, e incluso cuándo y dónde. Sin embargo, tenga en mente que mientras más flexible sea en el momento y lugar de la reunión, más fácil será encontrar un momento que sea bueno para ambos. Sepa de antemano cuáles son sus opciones.

5. Luego de reunirse con su compañero de rendición de cuentas unas cuantas veces, tome algún tiempo para evaluar cómo van las reuniones. ¿Qué está funcionando bien? ¿Qué no está funcionando bien? ¿Qué cambios pudiera hacer para ayudar a que las reuniones sean más beneficiosas? Busque también la opinión de su compañero. Luego conversen qué cambios, si fuera necesario, les gustaría hacer a su reunión.

EJERCICIO
NÚMERO 7

Cultive una actitud de oración

ENFOQUE

un estilo de

vida de oración

mantiene la

mente saludable

Durante los últimos veinte años yo he repetido el Padre Nuestro a diario. No fue una oración que nuestro Señor necesitara hacer para beneficio propio. Más bien él la usó como un modelo para todos los creyentes. He descubierto que hacer esta oración a Dios diariamente me produce una paz increíble en los momentos en que más la necesito.

Es probable que usted haya escuchado a menudo describir la oración como hablar a Dios. Y eso es verdad, aunque yo prefiero decir que es hablar con Dios. Decir que la oración es hablar a Dios hace que sea unilateral y de una sola dimensión, se vuelve más como descargar un torrente de palabras hacia Dios y no una cuestión de hablar y escuchar. Y el escuchar puede ser la parte más importante de la oración.

> La oración no es nada más que ser amigos de Dios.
> — Teresa de Ávila

Cuando oramos estamos escogiendo aprovechar una línea de comunicación abierta con el Creador del universo. Mire a su alrededor. Mire por la ventana, al cielo. Pase unos minutos solo absorbiendo las maravillas de todo lo que Dios creó: árboles, insectos, animales, flores, los ojos de un ser amado, la luna, el sol, los granos de café. ¡Qué Dios tan maravilloso, milagroso, increíble e indescriptible! ¡Y él quiere pasar tiempo hablando con nosotros! ¿No sería tonto de nuestra parte no escuchar de vez en cuando?

La oración es una parte importante de su vida en Cristo por diversas razones, y la renovación de su mente es una de las más importantes. De hecho, la oración es un componente tan importante en la dieta para la renovación de la mente que espero lo haya estado practicando a lo largo de su proceso de desintoxicación, a medida que ha ido desarrollando pensamientos saludables, y según ha ido persiguiendo una relación de rendición de cuentas que le produzca vida. Por eso lo he sugerido tantas veces en la sección Aplicación al final de cada capítulo como una manera de aplicar los principios que usted está aprendiendo. Espero que la oración impregne cada parte de su vida, no solo su mente. Ahora queremos concentrarnos en la oración como tal y cómo esta le produce energía y le capacita para la renovación de su mente.

APRENDER DEL PADRE NUESTRO

Tal vez usted ya tenga un concepto bastante sólido de la esencia de la oración. Sin embargo, muchos de nosotros necesitamos aprender a hacerlo y luego mantenernos. Afortunadamente la

Obstáculos para una oración eficaz

Pecados no confesados: "Si en mi corazón hubiese yo mirado a la iniquidad, El Señor no me habría escuchado" (Salmos 66:18).

Motivos egoístas: "Pedís, y no recibís, porque pedís mal, para gastar en vuestros deleites" (Santiago 4:3).

Orgullo: "Dios resiste a los soberbios, y da gracia a los humildes (Santiago 4:6).

Duda: "Pero pida con fe, no dudando nada; porque el que duda es semejante a la onda del mar, que es arrastrada por el viento y echada de una parte a otra. No piense, pues, quien tal haga, que recibirá cosa alguna del Señor" (Santiago 1:6-7).

Tacañería: "El que cierra su oído al clamor del pobre, También él clamará, y no será oído" (Proverbios 21:13).

Falta de perdón: "Porque si perdonáis a los hombres sus ofensas, os perdonará también a vosotros vuestro Padre celestial; mas si no perdonáis a los hombres sus ofensas, tampoco vuestro Padre os perdonará vuestras ofensas" (Mateo 6:1 4-15).

Biblia es específica acerca de este asunto. Encontramos nuestras instrucciones en Mateo 6:5-15:

> Y cuando ores, no seas como los hipócritas; porque ellos aman el orar en pie en las sinagogas y en las esquinas de las calles, para ser vistos de los hombres; de cierto os digo que ya tienen su recompensa. Mas tú, cuando ores, entra en tu aposento, y cerrada la puerta, ora a tu Padre que está en secreto; y tu Padre que ve en lo secreto te recompensará en público. Y orando, no uséis vanas repeticiones, como los gentiles, que piensan que por su palabrería serán oídos. No os hagáis, pues, semejantes a ellos; porque vuestro Padre sabe de qué cosas tenéis necesidad, antes que vosotros le pidáis.

OBSTÁCULOS PARA UN ORACIÓN EFICAZ

Pecados no confesados: "Si en mi corazón hubiese yo mirado a la iniquidad, El Señor no me habría escuchado" (Salmos 66:18).

Motivos egoístas: "Pedís, y no recibís, porque pedís mal, para gastar en vuestros deleites" (Santiago 4:3).

Orgullo: "Dios resiste a los soberbios, y da gracia a los humildes (Santiago 4:6).

Duda: "Pero pida con fe, no dudando nada; porque el que duda es semejante a la onda del mar, que es arrastrada por el viento y echada de una parte a otra. No piense, pues, quien tal haga, que recibirá cosa alguna del Señor" (Santiago 1:6-7).

Tacañería: "El que cierra su oído al clamor del pobre, También él clamará, y no será oído" (Proverbios 21:13).

Falta de perdón: "Porque si perdonáis a los hombres sus ofensas, os perdonará también a vosotros vuestro Padre celestial; mas si no perdonáis a los hombres sus ofensas, tampoco vuestro Padre os perdonará vuestras ofensas" (Mateo 6:1 4-15).

> Vosotros, pues, oraréis así: Padre nuestro que estás en los cielos, santificado sea tu nombre. Venga tu reino. Hágase tu voluntad, como en el cielo, así también en

la tierra. El pan nuestro de cada día, dánoslo hoy. Y perdónanos nuestras deudas, como también nosotros perdonamos a nuestros deudores. Y no nos metas en tentación, mas líbranos del mal. Porque si perdonáis a los hombres sus ofensas, os perdonará también a vosotros vuestro Padre celestial; mas si no perdonáis a los hombres sus ofensas, tampoco vuestro Padre os perdonará vuestras ofensas.

Hay tanto que aprender en estos dos pasajes. Hay mucha enseñanza de donde sacar para nuestra dieta para la renovación de la mente, sin hablar de nuestra vida espiritual en un sentido más amplio. El primer párrafo es una amonestación acerca de los parámetros de la oración. Jesús nos advierte en cuanto a la actitud en nuestras oraciones, nos dice que la gente que ora como parte de un gran show o que hablan y hablan mientras oran, no han entendido la idea.

Cuando las personas se paran en las calles para que las vean mientras oran debemos cuestionar la motivación de sus oraciones. ¿Realmente están orando para comunicarse con Dios o están orando para dar la impresión de que se están comunicando con Dios? ¿Están buscando que el Todopoderoso sea su público o están buscando que el mundo sea su público con la esperanza de que aquellos que le rodean alcen la mirada sobrecogidos ante la manera en que oran? En oración es Dios quien debe impresionarnos siempre y no nosotros mismos.

Cuando la gente sigue balbuceando como los paganos, usando muchas palabras en sus oraciones, ¿cuál es su motivación? ¿Realmente están tratando de comunicarse con Dios o están tratando de impresionarlo a él (o a nosotros) con su lenguaje brillante? ¿Se están volviendo a su Creador con la debida sumisión a su gran poder o están tratando de hablar con mucho bombo para convencer a Dios de que actúe a su favor? ¿Se trata de que se haga la voluntad de Dios o la de ellos? Usted no tiene que convecer a Dios de que haga lo que es mejor para usted. Ya él quiere hacerlo.

La oración no es cuestión de tratar de influir sobre Dios o de motivarlo para que actúe a nuestro favor. No es cuestión de impresionar a otros. Es cuestión de conversar, de decir y escuchar, de comprender el corazón de Dios. Esa es la idea.

No podemos juzgar los corazones de otros mientras oran, solo podemos juzgar nuestro propio corazón y aquí tenemos una advertencia seria de Jesús en cuanto a la naturaleza de nuestro corazón cuando oramos. Tal vez sea por esto que el ejemplo que Jesús dio de la oración comienza con "Padre nuestro que estás en los cielos". Esta oración es un acto de sumisión, como un niño que reconoce la autoridad de su propio padre sobre sí. Es una manera de asegurar que nuestro corazón esté en el lugar indicado cuando oremos.

> Ore a menudo, la oración es un escudo para el alma, un sacrificio a Dios y un azote a Satanás.
> — Juan Bunyan

La oración siguiente anuncia la santidad y soberanía de Dios: "Santificado sea tu nombre. Venga tu reino. Hágase tu voluntad, como en el cielo, así también en la tierra". Cuando decimos esto en oración estamos reconociendo que el nombre de Dios es santo y que él está a cargo de nosotros. Él es el rey, somos sus súbditos y su voluntad es de suprema importancia en nuestras vidas.

Luego de colocar nuestros corazones en el lugar adecuado, llegó el momento de ofrecer nuestras peticiones a Dios. Podemos pedir provisión para nuestras propias necesidades o las necesidades de otros ("El pan nuestro de cada día, dánoslo hoy"), por perdón ("perdónanos nuestras deudas"), y por protección y libertad del pecado ("no nos metas en tentación"). Y observe el recordatorio de mantener nuestros corazones apuntando en una dirección piadosa con una actitud de perdón hacia los demás. Es un recordatorio de que todos estamos al mismo nivel, que todos necesitamos el perdón y que si tratamos de no darlo a otros, Dios no nos lo dará a nosotros.

Ahora que hemos tratado los aspectos básicos de la oración, profundices en las diversas formas en que podemos vivir esta vida de oración.

Todos conocemos la manera estándar de orar, una manera que muchos practicamos: arrodillados, orando en voz alta. Puede que vayamos a un lugar privado, como nuestra oficina, pero el patrón general en la mayoría de la gente que ora es asumir una postura específica de oración, decir lo que vamos a decir, y luego terminar con "Amén" y seguir andando.

O tal vez usted sea una de las muchas personas que oran sin decir una palabra en voz alta. Muchos practicamos este tipo de oración en silencio en lugar de hablar en voz alta o además de esto. Las oraciones en silencio son fundamentales en la dieta para la renovación de la mente y son una manera maravillosa de invitar a Dios a su mente y permitirle gobernar y reinar allí.

He escuchado muchas oraciones conversacionales al Padre con la expresión "*sólo*." "Padre, *sólo* te pedimos que estés aquí esta noche, *sólo* esperamos que realmente bendigas nuestro tiempo". He oído demasiados "*sólo*" y "realmente" innecesarios a través de los años, y el uso inadecuado del modo subjuntivo. ("Oramos para que muevas a tu pueblo y para que hagas tu voluntad".)

Estoy a favor de la oración conversacional, pero una buena parte es descuidada, lo cual me temo que ha sido generado por demasiada informalidad.

Los cristianos no siempre oraron así. Durante unos 1950 años los seguidores de Cristo oraron con mucha reverencia. Agustín oraba en Confesiones: "¿Por ventura, Dios y Señor mío, hay en mí alguna cosa adonde podéis caber Vos? ¿Acaso cabéis en los cielos y tierra que Vos hicisteis, y en que me criasteis?"

¿Conversacional? Sí. ¿Informal? No.

— Tony Jones

En un sentido necesitamos mantener nuestros corazones ardientes. En tiempos pasados muchos dueños de cocinas de leña, para impedir que el hollín se acumulara en las chimeneas, mante-

Cuatro claves para una oración eficaz

1. Reclame la presencia de Cristo en medio nuestro, esperando que él realmente estará presenten mediante su Espíritu como lo prometió.

2. Confíe en que él se hará cargo de nosotros porque él es la cabeza de la Iglesia.

3. Esté completamente dispuesto a que él nos cambie a todos según le parezca.

4. Esté de acuerdo en confiar en él para que nos ponga en armonía con su Padre y así en la armonía celestial de unos con otros.

— Oliver W. Price

nían las cocinas ardiendo. El mismo principio se aplica a su corazón, el cual influirá en su mente. Mantenga su corazón ardiente al buscar a Dios de manera habitual. Eso es lo que usted hace cuando usted tiene comunión con él en oración. Pase tiempo a solas con Dios para avivar su llama, agitar los carbones de su corazón y dejar que su gloria le llene. Descubrirá que su mente queda libre de hollines como el orgullo, la envidia, los celos, la avaricia, la lujuria y cosas parecidas.

ESTABLECER UN ESTILO DE VIDA DE ORACIÓN

En mi tiempo de pastor he indentificado seis componentes diferentes que me han ayudado a hacer de la oración un modo de vida.

1. ORE TODOS LOS DÍAS

La oración es la manera en la que nos conectamos con nuestra Fuente de fortaleza, así que tiene sentido que aprovechemos esa fuerza de forma cotidiana, habitual.

2. ORE TEMPRANO

Cuando usted haga tiempo para orar todos los días, trate de hacerlo al comienzo de su día. Yo personalmente oro a primera hora, antes de hacer ninguna otra cosa. Es una manera segurísima de tener mi tiempo con Dios sin preocupación de que llamadas telefónicas, visitantes inesperadas y otras interrupciones me invadan.

3. ORE HACIA ARRIBA

También concentro mis oraciones en Dios y no en mí mismo. Es fácil orar por mí mismo, pero eso me hace perder la perspectiva. En cambio, yo oro hacia arriba. Alabo y glorifico a Dios y descubro que eso me eleva.

4. ORE HACIA AFUERA

Además de orar hacia arriba, oro hacia fuera y por las necesidades de otras personas junto con las mías. No limito mis oraciones a mí mismo, oro por otros siempre, y descubro que como resultado me siento revitalizado.

5. ORE CON FE

Otro elemento importante de la oración es la valentía de confiar en la grandeza de Dios. ¡Él es un Dios grande y puede hacer grandes cosas! No hay necesidad demasiado grande para presentarla a nuestro amante Padre, y no hay necesidad demasiado pequeña. Él las abarca todas y se interesa en todas. Confíe en Dios a todos los niveles y quedará refrescado al verle moverse en su vida en manera tanto grandes como pequeñas.

6. ORE SIEMPRE

El último elemento de una estilo de vida de oración es tener una línea de comunicación abierta con Dios constantemente. Tener una actitud de "orar sin cesar", como mencionaba Pablo en 1 Tesalonicenses 5:17 es como tener a Dios actualizándole constantemente, como tener todas las barras de señal en su teléfono celular. Usted siempre está listo para recibir, nunca está en una zona de poca señal. No estoy diciendo que necesite pasar su vida en oración constante. Estoy diciendo que necesita tener un corazón abierto para con Dios todo el tiempo, estar siempre listo para orar, siempre listo para escuchar.

> Padre nuestro, tú nos llamaste y nos salvaste para hacernos semejantes a tu hijo, nuestro Señor Jesucristo. Cámbianos, día a día, mediante la obra de tu Espíritu Santo para que podamos llegar a ser más como él en todo lo que pensamos y decimos y hacemos, para su gloria. Amén.
> — Soren Kierkegaard

Un tiempo habitual de oración, de tener una conversación silenciosa con Dios, es parte vital de tener pensamientos saludables. Al conversar con Dios mentalmente usted no solo está apoyando todo el trabajo que ha hecho para su desintoxicación y para tener los pensamientos adecuados sino que también está apelando a Dios para que le ayude a mantenerse en el camino correcto en cuanto a su manera de pensar.

Pero tener una conversación silenciosa con Dios no significa que tenga que sentarse en una habitación oscura, con los ojos cerrados, concentrando toda su energía para escuchar al Todopoderoso. Existen muchas maneras para hablar con Dios mentalmente, incluyendo escribir sus oraciones, leerlas, susurrarlas en pocas palabras y orar por otros.

TIPOS DE ORACIÓN

Existe algo importante que proviene de escribir, algo que hace que sus pensamientos parezcan más contundentes, como si él escribirlos les diera más peso. Tal vez es el carácter definitivo del proceso, el saber que, mientras que los pensamientos son fugaces, la palabra escrita es permanente. Es difícil, si no imposible, recorrer viejos pensamientos en su mente; recorrer las notas que usted ha hecho, incluso si son solo pensamientos garabateados en un pedazo de papel, es algo completamente diferente.

Todo lo anterior es un buen motivo para considerar el escribir algunas de sus oraciones a Dios. no se preocupe por editarlas mientras las escribe. No se preocupe por una puntuación o gramática adecuadas. Solo tome un bolígrafo o un lápiz, una hoja de papel o una libreta y comience a derramar su corazón a Dios ahí mismo en el papel. Tal vez usted prefiere un teclado y la pantalla de una computadora, y está bien. Si le parece que Dios le está diciendo algo, escríbalo, es bueno tener un registro de ambas partes de la conversación de la mejor manera en que usted pueda entenderlo.

Quizá pueda probar escribir su oración como una carta a Dios. Es una manera excelente de aligerar su corazón delante de él o de darle gracias por algo que él ha hecho en su vida, o sencillamente para darle a conocer sus sentimientos con relación a él. ¡Y no necesita preocuparse por buscar un sello o un sobre!

Otra manera de orar es abrir la Biblia y leer las palabras que encuentre allí a manera de oración. Puede ser el Padre Nuestro, que ya mencioné antes en este capítulo, u otra ocasión en la que Jesús habló o predicó, o puede insertarse en el texto de un versículo o un pasaje, como este ejemplo de Efesios 1:17-21:

> ...para que el Dios de nuestro Señor Jesucristo, el Padre de gloria, [me] dé espíritu de sabiduría y de revelación en el conocimiento de él, alumbrando los ojos de [mí] entendimiento, para que [sepa] cuál es la esperanza a que él [me] ha llamado, y cuáles las riquezas de la gloria de su herencia en los santos, y cuál la supereminente grandeza de su poder para con nosotros los que creemos, según la operación del poder de su fuerza, la cual operó en Cristo, resucitándole de los muertos y sentándole a su diestra en los lugares celestiales, sobre todo principado y autoridad y poder y señorío, y sobre todo nombre que se nombra, no sólo en este siglo, sino también en el venidero.

Por supuesto, no es bueno adquirir el hábito de cambiar las Escrituras a nuestro antojo, sino que como usted puede ver, lo que hice aquí fue cambiar la oración que el apóstol Pablo hizo por la iglesia de Éfeso a una oración hecha por mí direcamente a Dios. La hice personal al cambiar unos pocos sujetos y objetos en algunas de las oraciones sin cambiar el propósito.

Si le resulta difícil encontrar pasajes de la Biblia para orar, pudiera buscar un libro en el que las referencias y citas de la Biblia estén ordenadas por temas. Puede encontrar libros así en cualquier librería cristiana o en sitios web que vendan libros. Por lo general están ordenadas por necesidad, con categorías como sanidad, provisión, seguridad, fe, confianza, etc. Sencillamente busque el tema que le interese y encontrará una gran cantidad de pasajes bíblicos o referencias que se aplican a esa necesidad. Entonces usted está armado con consejo bíblico sobre esos aspectos, es capaz de orar acorde a esas Escrituras o de buscarlas y lograr una mayor comprensión del contexto.

Cuando esté en la librería cristiana o navegando por un sitio de Internet que venda libros, también puede chequear comprar un libro de oraciones. Muchos hombres y mujeres piadosos a lo largo de la historia han escrito oraciones increíblemente bellas y sentidas y a menudo usted puede encontrar estas oraciones recopiladas en un libro. Esas son buenas cuando usted simplemente no sabe qué decir acerca de un tema o cómo orar por un asunto específico.

Otra fuente de ayuda para la oración es el Internet que ahora está lleno de recursos para la oración, incluyendo textos bíblicos completos en lugares como www.bible.com o www.biblegateway. com. Muchas veces usted puede encontrar índices por temas y puede investigar diversas traducciones en el Internet en busca de un pasaje o palabra clave. A mí en lo personal me resulta difícil orar estando sentando frente al teclado de mi computadora, pero pudiera convenirle muy bien a usted.

Otro método de oración que me resulta eficaz se denomina oración susurrada. Estas son oraciones sencillas, de una oración, que usted dice mientras inhala y exhala, a lo largo del día o solo mientras piensa en orar. Son eficaces cuando se encuentra en una situación en la que no puede retirarse a un lugar aislado y tranquilo para orar. Como cuando va de camino a una reunión de negocios o cuando se le hace tarde para dejar sus hijos en la escuela. Las oraciones susurradas son una manera buena de reconocer el señorío y la presencia de Dios en ese momento, como un niño que deja de jugar un rato para darle un abrazo a su papá y luego regresa a los columpios.

No tiene que ser elocuente. No tiene que crear una prosa de Shakespeare cuando hace una oración susurrada (o de hecho cualquier otra oración). Puede

> Oh, Dios, temprano en la mañana clamo a ti. Ayúdame a orar y a concentrar mis pensamientos en ti. No puedo hacerlo solo. En mí hay oscuridad, pero en ti hay luz. Yo estoy solo, pero tú no me abandonas. Soy débil de corazón pero en ti hay ayuda. Estoy agitado pero en ti hay paz. En mí hay amargura, pero en ti hay paciencia. Yo no entiendo tus caminos, pero tú conoces el camino para mí… Restáurame a libertad. Y permíteme vivir ahora que debo reponder ante ti y ante mí. Señor, cualquier cosa que este día pueda traer, que tu nombre sea alabado.
> — Dietrich Bonhoeffer

ser tan sencillo como: "¡Ayúdame, Señor!" o "Gracias por este día". Insisto, como dijo Jesús, no es cuestión de hablar y hablar, sino de concentrar su corazón, incluso aunque sea un instante, en el Dios de toda la creación.

Una última idea acerca de la oración: he hablado mucho sobre maneras de orar por sí mismo, que es algo muy sabio; pero no se olvide de orar también por otras personas.

Use todos esos métodos diferentes de oración para clamar por los que le rodean o incluso por las personas que usted no conoce.

Ore por sus hijos y nietos, que tengan un futuro acorde al plan de Dios para sus vidas. Ore por su cónyuge, para que él o ella se acerque más a Dios y por consiguiente más a usted. Ore por el presidente, para que ejerza sabiduría al dirigir al país. Ore por su jefe o sus compañeros de trabajo, incluso por aquellos que no le caen bien, especialmente por los que no le caen bien. Cuando ore por aquellas personas que son difíciles de amar, usted empieza a descubrir que se le hace más fácil amarlas. Es una manera muy buena de cambiar la manera en que piensa acerca del mundo que le rodea.

Ya usted tiene la idea. Estas son solo sugerencias y estoy seguro de que su mente rebosa de posibilidades de otras personas por las que pudiera orar. Pudiera ser su arrendador, un familiar enemistado, la persona que le cortó en el tráfico o la persona que prepara su café con leche y vainilla cada mañana. Hay un mundo con más de seis mil millones de personas, y a todos nos vendría bien que alguien ore por nosotros.

EL PROGRESO DE JAKE

Jake pasó mucho tiempo en oración durante su proceso de desintoxicación, pero gran parte de ese tiempo fue solo hablando con Dios mientras manejaba hacia el trabajo. Ahora él quiere llevar su vida de oración a un nivel superior, especialmente con relación a esta preocupación habitual y recurrente en cuanto a la provisión para su familia, así que fue al sitio web de Bible Gateway e hizo una investigación temática sobre la fe. Allí encontró casi cien versículos diferentes sobre el tema. Los imprimió y ahora pasa un poco de tiempo cada mañana buscando uno diferente, lee lo que dice y ora con el mismo por él y por su familia.

Durante algun tiempo Jake ha tenido una relación tensa con su padrastro, el hombre con quien su madre se casó después de que su padre falleció. Para Jake no ha sido lo mismo y le ha sido difícil dejar que este hombre, que sin lugar a dudas no es su padre, entre a su vida. No es tanto que él no esté de acuerdo con el matrimonio. Su madre tenía libertad para casarse con quien quisiera. No obstante, él no se siente bien en su espíritu, por cualquiera que sea la razón. Ha llegado al punto en que Jake, su esposa y sus hijos ya no se reúnen con su madre y su padrastro y ni siquiera hablan de ellos. Es demasiado incómodo para todos los involucrados.

Así que Jake se sintió impulsado por Dios a comenzar a orar por su padrastro. Ha decidido escribir una carta a Dios acerca de sus sentimientos y pensó que sería de una o dos páginas. Cuatro páginas después la terminó, asombrado de todo lo que salió mientras escribía. Él le mostró la carta a su esposa y de pronto, resulta un poco más fácil hablar de la situación.

Jake decide investigar un libro de oraciones familiares que pudiera ayudarle a aprender a orar por su padrastro. Al consultar el libro encuentra unas cuantas oraciones escritas de manera admirable que él comienza a orar por su padrastro de vez en cuando, cuando piensa en el asunto. A medida que pasan los días él nota que su actitud hacia su padrastro ha comenzado a cambiar.

Antes de comenzar a orar en serio por su padrastro, él sentía reticencia en su corazón cuando pensaba en el hombre. Ahora, aunque todavía tiene esa sensación en su espíritu, el sentimiento que dice que algo no está del todo bien, él tiene una actitud mucho mejor en su corazón con relación a su padrastro. Ahora no siente reticencia y lo ama de la mejor manera posible. Está comenzando a entregar toda la situación a Dios y está ansioso por ver cómo pudiera resolverse.

Y esto es solo un ejemplo de la manera en que la oración está cambiando la vida de Jake. Él y su esposa están orando juntos de manera habitual y se están acercando más el uno al otro a medida que se acercan más a Dios. Él observa que su primera reacción cuando habla con sus hijos es orar por ellos si tienen preguntas o ayudarlos en esas pequeñas heridas a los que los niños son tan dados.

Por otro lado, desde que Jake terminó su proceso de desintoxicación había comenzado a regresar a su consumo de los medios, y ahora descubre que no está tan concentrado en su relación con Dios como lo estaba durante su ayuno de los medios. Él necesita avanzar al próximo paso en la dieta para la renovación de la mente: necesita regular lo que permite que entre a su mente.

APLICACIÓN

Realice ahora estos cinco ejercicios para aplicar lo que aprendió en este capítulo.

1. Muchos consideran que el libro de los Salmos en el Antiguo Testamento es una escuela de oración. Comprométase a leer un salmo al día durante los próximos 30 días. Tome notas de lo que aprenda en su lectura acerca de la oración. ¿Hay algo que le sorprenda? ¿Qué encuentra en los Salmos que puede imitar en su propia vida de oración?

2. Cree una lista de oración personal, ya sea hecha a mano o en su computadora o equipo electrónico. Úsela como un recordatorio para usar diariamente y para agradecerle a Dios sus respuestas a sus oraciones.

3. Si se siente un poco abrumado por la idea de orar habitualmente, y no está seguro de por dónde empezar o qué decir, considere usar el método de oración ACAS:

- **Adoración:** Dígale a Dios quién es él y lo que ha hecho. (Él ya lo sabe, por supuesto, pero alabarle nos ayuda a enfocarnos en él y recordar la grandeza de nuestro Padre celestial.)

- **Confesión:** Tome tiempo para reconocer y arrepentirse ante Dios de sus pecados y fracasos, vuélvase del mal hacia una vida y una manera de pensar adecuada y santa.

- **Acción de gracias:** Exprese gratitud al Señor por su perdón, por su fidelidad, y por todas las bendiciones que le ha dado.

- **Súplica:** Pídale a Dios que satisfaga las necesidades de su familia y amigos, sus compañeros de trabajo, sus líderes, aquellos que ministran en otros lugares del mundo, etc.

4. ¿Cuál de los pasos para establecer un estilo de vida de oración (orar todos los días, temprano, hacia arriba, con fe, siempre) es más difícil para usted? Pídale a Dios que traiga ese paso a su mente cada día y que le ayude a que ese paso sea una parte permanente de su vida de oración.

5. Desarrolle un plan para la oración que usted crea que realmente puede implementar y al que puede ser fiel en su vida diaria. No tiene que ser un gran plan ni requerir enormes cantidades de tiempo. Solo comience con un plan sencillo que implique conversar con Dios a diario.

Expanda su pensamiento

ENFOQUE

eleve su mente

al expandir,

evaluar y

analizar lo que

esta consume

Cuando estudiaba en la Universidad trabajé con John C. Maxwell, quien ahora es un destacado autor y orador sobre el tema del liderazgo. Más adelante serviría junto a él como vicepresidente de INJOY, una empresa que él creó para ayudar a desarrollar líderes cristianos. A menudo la gente me pregunta cómo era trabajar con él. Yo siempre contesto: "Él me exigía de una manera increíble". ¡John me enseñó a pensar bien!

Todos los ejercicios anteriores para la renovación de la mente le han llevado por el camino hacia una mente saludable: la desintoxicación libera su mente del negativismo acumulado; ajustar la manera en que se ve a sí mismo y verse tal y como Dios lo ve, restaura su perspectiva y le ayuda a ver su valor; tomar el control de los medios que usted consume le ayuda a limitar influencias dañinas; encontrar un Bernabé o dos le impide desanimarse y rendirse; la rendición de cuentas le mantiene enfocado en la dirección correcta; y la oración centra su atención en Dios en lugar de en sí mismo.

Todos estos ejercicios son fundamentales para un estilo de vida con una manera de pensar saludable. Pero hay una conducta más que usted necesita adoptar para mantener la salud: hacer ejercicios. Aunque una dieta saludable es crucial para tener un cuerpo saludable, el ejercicio es el factor clave que empuja a nuestro cuerpo más allá de sus límites naturales y nos hace más fuertes, más saludables y más resistentes.

Pregúntele a cualquier médico qué necesita hacer para mantener un estilo de vida saludable y noventa de cada cien veces el médico le dirá: "Comer bien y hacer ejercicios". De la misma manera, su mente necesita ejercitarse tanto como alimentarse de manera saludable. La dieta para la renovación de la mente no es solo cuestión de dejar fuera los pensamientos incorrectos, también es cuestión de aprender a fortalecer nuestras mentes al incorporar pensamientos más elevados.

FUNDAMENTOS DE UN PENSAMIENTO MÁS ELEVADO

Psicólogos y educadores han escrito muchos artículos y libros acerca de tener un pensamiento más elevado, especialmente desde la década de 1950, cuando Benjamin Bloom, un profesor de la Universidad de Chicago creó la "Taxonomía de objetivos educativos". Lo que pronto se llegó a conocer como "Taxonomía de Bloom" describe y define cómo el pensamiento y el aprendizaje se desarrollan a través de etapas en la mente de una persona. Vea las etapas que se describen a continuación como una especie de pirámide que comienza desde abajo. (Véase el Apéndice G para un examen más completo.)

• **Recuerde:** ¿Puede usted definir, duplicar, nombrar, memorizar, recordar, repetir o reproducir la información?

• **Comprenda:** ¿Puede usted clasificar, describir, debatir, explicar, identificar, ubicar, reconocer, informar, seleccionar, traducir o parafrasear la información?

• **Aplique:** ¿Puede usted utilizar la información para demostrar, dramatizar, ilustrar o interpretar otra información?

• **Analice:** ¿Puede usted evaluar, comparar, contrastar, criticar, examinar o cuestionar diferentes partes de la información?

• **Evalúe:** ¿Puede usted usar la información para defender o apoyar una decisión?

• **Genere:** ¿Puede usted utilizar la información para construir, diseñar o desarrollar algo nuevo?

• Cuatro claves para una oración eficaz

Su sistema de pensamiento más elevado se activa cada vez que usted se encuentra con información o desafíos cuyos significados o soluciones no son obvios inmediatamente.

— Mel Levine

Aunque Bloom aplicó sus teorías específicamente a la educación, veamos cómo se aplican a la vida cotidiana; por ejemplo, de camino al trabajo.

Cuando usted entra al auto para manejar hacia el trabajo, usted recuerda información significativa: dónde poner la llave, cómo operar la transmisión, todos los aspectos mecánicos de manejar, las leyes del tránsito, el camino al trabajo, etc. Luego usted demuestra que comprende la información al reconocer qué habilidades necesita usar y qué leyes del tránsito conciernen a su recorrido. Luego usted aplica esa información cuando maneja y cumple con las señales y semáforos mientras maneja.

Ahora bien, imagínese que un chofer cambia de carril de manera que usted tiene que reaccionar para evitar un accidente. Al reaccionar usted aplica a la situación el conocimiento y las habilidades de su almacén de experiencias como chofer de manera que aprieta el freno para evitar el choque. Una vez que los latidos de su corazón regresan a la normalidad, usted puede analizar lo que sucedió: ¿realmente la persona le cortó el pasó o usted percibió un peligro cuando realmente no había ninguno? ¿En qué estaba enfocada su mente en los momentos antes del incidente? ¿Tenía otras opciones a su disposición para evitar el accidente? ¿Qué habría pasado si hubiera escogido una opción diferente?

Entonces, con este análisis a mano, usted puede evaluar su respuesta al accidente que casi se produce: tal vez diría que ya estaba un poco estresado y un poco distraído cuando el chofer frenó delante de usted. La otra persona se cambió de carril demasiado cerca, pero usted reaccionó de manera exagerada

> Nutra su mente con grandes pensamientos porque nunca llegará más lejos de lo que piensa.
> — Benjamín Disraeli

porque no estaba presentando la atención debida. Aunque la otra persona debió haber sido menos descuidada, usted también debió ser más cuidadoso. En base a su propia evaluación, usted pudiera escoger generar o no un nuevo método para manejar cuando se siente estresado.

Todo este proceso del pensamiento más elevado puede producirse en solo unos instantes, como en el ejemplo anterior, o durante un período de tiempo significativo, como cuando usted está reflexionando en una decisión tal como un trabajo nuevo o comprar una casa nueva. El motivo por el cual funciona en nuestro caso es porque usted se ha entrenado para manejar hábilmente mediante la educación y la experiencia.

De la misma manera puede entrenar su mente mediante la educación y la experiencia para pensar hábilmente en cualquier aspecto de la vida.

BUSQUE PATRONES

Uno de los primeros pasos para mejorar su pensamiento más elevado es aprender a identificar patrones. Algunos de ustedes recordarán los exámenes estandarizados en la escuela que le pedían que encontrar el patrón en una serie de números, palabras o símbolos. Esas preguntas tienen una razón y es porque la habilidad para identificar patrones es una de las habilidades claves que se necesitan para aprender a pensar en un nivel superior.

> Un hombre es aquello en lo que piensa todo el día.
> — Ralph Waldo Emerson

¿Alguna vez ha conocido a una persona que parezca cometer el mismo error una y otra vez? No cometen el mismo error exactamente dos veces. Este varía un poco cada vez, pero comenten errores similares una y otra vez y al parecer nunca entienden que lo están haciendo. Por ejemplo, la persona por la mañana prepara su almuerzo diligentemente para llevarlo al trabajo y luego lo deja en el mostrador de la cocina cuando sale. Ese día en el trabajo entrega un proyecto en el que lleva semanas trabajando y se da cuenta de que no incluyó un elemento fundamental que su supervisor le había pedido. De regreso a casa esa noche se detiene para comprar flores para su esposa. Ella le agradece las flores pero se pregunta por qué no habrá comprado los huevos y la harina que ella le había pedido.

El hombre del ejemplo anterior pudiera considerar que sus tres errores no tienen ninguna relación, pero una persona que piensa se preguntará si existe una conexión o un patrón. ¿Qué patrón ve usted? Tal vez es simplemente falta de memoria y la persona necesita tener una libreta de notas para poder anotar información importante. Tal vez necesite aprender a escuchar mejor para que realmente escuche las instrucciones de su supervisor o las peticiones de su esposa. Pudiera ser que las muchas prioridades o demasiado estrés lo distraigan y necesita simplificar su vida para que pueda concentrarse en lo que es importante. O tal vez esté ocurriendo algo completamente diferente. Lo impor-

> El discernimiento cristiano consiste en observar y escuchar a nuestra cultura afectada por los medios de comunicación con los ojos de Cristo. Se nos pide que veamos realmente y escuchemos claramente las imágenes y sonidos de los medios para que podamos saber qué valores y significados están formando nuestra cultura. Pero es difícil ver y escuchar en un mundo lleno de ruidos, ruidos que damos por sentado. Tenemos la tendencia a tomar conciencia de los medios solo de vez en cuando.
> — James McDonnell

tante es la capacidad de reconocer que pudiera haber un patrón. Entonces usted puede comenzar a entender lo que pudiera significar y lo que usted pudiera tener que hacer al respecto.

La capacidad para identificar patrones es útil por muchas razones diversas. No solo puede ayudarle a dejar de cometer el mismo error reiteradas veces, también puede ayudarle a tomar buenas decisiones con mayor rapidez. Los grandes líderes, cuando se enfrentan a una decisión importante, son capaces de ver cómo la decisión podría ser similar a otras que han tomado en el pasado. Entonces pueden beneficiarse de lo que salió bien y de lo que no y utilizar esa información para tomar una buena decisión en el presente. Si la sabiduría implica aprender de la experiencia, entonces uno solo puede llegar a ser sabio al aprender a identificar los patrones.

> Una vez que desechemos la impresión de que los medios de comunicación nos ofrecen una visión de la realidad objetiva y transparente, podemos comenzar a tener confianza en nuestras propias percepciones y juicios.
> — James McDonnell

PIENSE DE UN MODO CRÍTICO

Otro paso para mejorar sus habilidades para un pensamiento más elevado es aprender a pensar de un modo crítico. No, yo no dije ser crítico ni criticar a las personas, sino desarrollar y usar sus habilidades de pensamiento crítico. Pensar de un modo crítico quiere decir examinar y probar lo que usted ha escuchado o leído para saber si realmente es verdad, en lugar de sencillamente creerlo en base a la palabra de otra persona. Una evaluación de ese tipo es importante incluso si la información proviene de una persona que usted respeta o considera una autoridad, y aún más todavía si usted no está seguro de qué tipo de credenciales existen para respaldar dicha afirmación. Recuerde que incluso las personas más sabias y más inteligentes se equivocan por completo en un determinado por ciento de las ocasiones. Así que saque de su mente la idea de que es irrespetuoso pensar de modo crítico acerca de lo que otras personas le digan. Es absolutamente crucial. Y usted puede cuestionar o desafiar la afirmación de otra persona con el mayor respeto.

La esencia del pensamiento crítico es, cada vez que usted escuche o lea una afirmación o algo que se dice ser verdad, examine el basamento de la afirmación. ¿Qué datos están usando para apoyar su conclusión? Si no hay datos consistentes, entonces usted tiene una teoría o una hipótesis, no una verdad absoluta. Algunas teorías resultan ser verdaderas, pero muchas no. La mayoría de las veces las personas basan las sugerencias o argumentos de su manera de pensar en su propia experiencia o en lo que han oído decir a gente de confianza. La idea del pensamiento crítico es estar seguro, de una manera razonable, de que lo que usted está escuchando o leyendo tiene una base sustancial en la realidad antes de que usted lo acepte como verdad. Si no se puede corroborar, entonces llámelo como lo que es, una hipótesis o una propuesta, pero no lo acepte como una verdad sin cuestionarlo.

No hay manera de estimar a cuántas afirmaciones sin corroborar nos sometemos cada día tan solo en los medios de comunicación, sin mencionar en conversaciones informales con amigos y colegas del trabajo. Simplemente no podemos creer todo lo que leemos o escuchamos, ni tan siquiera la mayor parte de esto. Esa es una de las razones por la cual esta dieta en nuestra manera de pensar es tan importante.

EL PENSAMIENTO MÁS ELEVADO Y LA RENOVACIÓN DE SU MENTE

Cuando usted consume los medios de comunicación, ¿es un observador pasivo (que simplemente absorbe cualquier cosa que se le da), o reflexiona en eso y realmente lo analiza a medida que lo acepta? ¿Cuándo ve una película, mira pasivamente a la pantalla o lucha con el contenido y el significado de la misma? ¿Se pregunta qué mensajes los medios están tratando de transmitir o es un participante que se mantiene al margen?

Detrás de cada palabra, imagen y sonido que usted experimenta en los medios de comunicación hay una agenda. Al usar la palabra agenda, corro el riesgo de parecer un teórico de la conspiración, algo que no soy definitivamente. Pero la palabra es fuerte a propósito porque quiero que usted comprenda que las personas y organizaciones pagan mucho dinero para transmitir cada palabra, imagen y sonido que usted experimenta en los medios. El motivo por el cual están dispuestos a gastar el dinero para transmitirlos es porque quieren que usted reciba su mensaje. Ahora fíjese, no me malinterprete. No estoy diciendo que todo programa de televisión o radio, que cada obra musical o incluso cada libro o artículo de revista contenga un mensaje negativo o dañino. Sencillamente estoy diciendo que cada fragmento de los medios fue creado para lograr dos propósitos: para producir ganancias y para transmitir algún tipo de mensaje.

Estos mensajes varían en cuanto a seriedad, desde: "¡Ríase de esta locura!" a "¡Haga su parte para acabar con esta crisis humanitaria!", y todo lo demás que pueda imaginar entre un asunto y otro. Una comedia televisiva de media hora pudiera tener sencillamente el objetivo de entretenerlo el tiempo suficiente para que los que trabajan en ella paguen sus cuentas. Por otro lado, un artículo principal de diez mil palabras en la revista Time pudiera tener la esperanza de hacerle actuar con relación a cualquier causa que pudiera estar en los titulares. El mensaje de la mayoría de la publicidad es: "¡Compre este producto o servicio!". El mensaje de la mayoría de los eventos deportivos es: "Disfrute esta competencia a través de otra persona al hacerse parte de la misma".

¿Está usted consciente de dichos mensajes en los medios de comunicación que consume? ¿Los busca cuando mira la televisión o va al cine? ¿Lo busca entre línea en los libros o en los artículos de las revistas que lee? ¿Los escucha mezclados en la música que oye? Una habilidad importante en el pensamiento más elevado es la capacidad de ver y evaluar la agenda o el mensaje detrás de una comunicación. Buscar estos mensajes es un paso clave para pensar de manera analítica y así llevar el pensamiento más elevado a su proceso para la renovación de la mente.

> • Mi mente se rebela ante el estancamiento. Deme problemas, deme trabajo, deme el criptograma más abstruso, o el análisis más complicado, y estaré en mi propio medio. Pero detesto la rutina aburrida de la existencia. Anhelo la exaltación mental.
>
> — Sir Arthur Conan Doyle

VEA LO QUE OTROS NO VEN

Otra manera de aplicar el pensamiento más elevado es buscar y encontrar el elemento espiritual en el mundo que le rodea. Prácticamente todo en esta vida tiene un paralelo espiritual, ¡es por eso que los pastores como yo siempre podemos traer a colación ilustraciones para los sermones y ejemplos prácticos! Dios ha impregnado su creación con su propia personalidad, con pedacitos de él mismo, así que es lógico que podamos examinar la creación para poder encontrar esas huellas y por consiguiente aprender más sobre el Creador.

Un vistazo a un árbol puede convertirse en una espléndida revelación cuando aprendemos que mientras más profundas sean las raíces del árbol, más podrá este resistir un tiempo con vientos y tormentas fuertes. Una visita a las montañas puede hacer que meditemos en las toneladas de rocas que se encuentran allí y se hace real el poder que yace en las palabras de Jesús en Mateo 17:20: "si tuviereis fe como un grano de mostaza, diréis a este monte: Pásate de aquí allá, y se pasará; y nada os será imposible".

Los mensajes de Dios están, literalmente, por todas partes, incluso en el milagro del aire que respiramos. Necesitamos oxígeno para sobrevivir, pero el aire que respiramos no es oxígeno puro, en realidad es nitrógeno en su mayoría. Demasiado oxígeno afecta nuestras mentes y cuerpos y causa pasividad, pero el aire que nos rodea tiene la cantidad perfecta de oxígeno para sostenernos sin afectarnos mental o físicamente. Dios ha programado el aire que nos rodea en equilibrio, nos da exactamente lo que necesitamos. Es un recordatorio constante de su provisión en otras esferas de nuestra vida.

Ore para que Dios le revele estos tipos de paralelos espirituales. Comience a buscarlos en los medios masivos de comunicación que usted consume. Una amiga mía lloró cuando vio una escena de la película Titanic en la que Jack (Leonardo DiCaprio) le tapa los ojos a Rose (Kate Winslet) y hace que ella se suba a la baranda que está en la proa del barco. Él le pregunta: "¿Confías en mí?" y cuando ella dice que sí, entonces él quita sus manos. Con los brazos extendidos y el viento soplando sobre su cabello, Rose absorbe la inmensidad del océano y la emoción de estar parada encima de todo aquello. Mi amiga vio eso como una imagen de la obra de Dios en nuestras vidas. Con tanta frecuencia queremos ver hacia dónde nos dirigimos, qué hay al doblar la esquina, pero Dios sencillamente pregunta: "¿Confías en mí?". Cuando aprendemos a decir que sí, él nos lleva a nuevas alturas en nuestra relación con él que nos permiten confiar en él todavía más.

> Toda la idea de la motivación es una trampa. Olvídese de la motivación. Solo hágalo. Ejercicios, bajar de peso, chequee el azúcar en su sangre o lo que sea. Hágalo sin motivación. Y entonces, ¿sabe qué? Después de que empieza a hacer lo correcto es cuando viene la motivación y hace que le resulte más fácil seguir haciéndolo.
> — John C. Maxwell

Una vez que usted abra sus ojos a mensajes de este tipo, descubrirá otros constantemente en lugares nuevos e inesperados.

ENSANCHE SU PENSAMIENTO

Otra manera de elevar el funcionamiento de su mente es aumentar a propósito la cualidad en sentido general de los medios que usted consume.

Libros

Si usted es un lector ávido, saque algunos clásicos en la biblioteca de su localidad. No hay nada de malo en leer de vez en cuando un libro que no tiene otra intención que entretenerle, pero desafíese con algo de mayor calibre. Si la idea de leer Moby Dick o La guerra y la paz lo pone nervioso, considere empezar con cuentos cortos. Muchos de los grandes autores del pasado y del presente escriben tanto novelas como cuentos cortos. Aunque puede que no esté listo para leer novelas clásicas largas, puede allanarse el camino a ellas mediante los cuentos cortos. También pudiera comenzar con cuentos que conozca. Por ejemplo, Canción de Navidad de Charles Dickens tiene menos de cien páginas y es posible que usted ya conozca la trama. Otra idea es sacar un libro que contenga lo mejor de algún autor o un tipo de libro de lecturas diarias para iniciarse con los grandes autores. (Vaya, hasta puede empezar con un almanaque de los que se les arrancan las páginas con citas de grandes autores.) Lo peor que pudiera sucedes es que se aburra con el libro y lo devuelva a la biblioteca sin haberlo leído prácticamente.

Películas

¿Es usted un fanático de las películas? Considere algunas películas independientes que se salen del típico éxito de Hollywood (por supuesto, tenga cuidado, considere el contenido en general de la película). Ocupe su mente con clásicos del cine o incluso con películas extranjeras subtituladas que le ayudarán a ver el mundo desde una perspectiva diferente.

Música

¿Y la música? En lugar de consumir la habitual música popular que conforma las listas de éxitos, o de escuchar una y otra vez canciones de su juventud, busque música que amplíe sus horizontes. Descubra a los compositores clásicos o las leyendas del jazz. Muchas bibliotecas locales tienen compilaciones de CD con música de otros países, sáquelos. Aprenda sobre la historia musical de este país o de otros países y explore el paisaje musical y cultural de otra civilización.

Espero que ya esté captando la idea. Necesita actuar de manera deliberada con relación a los medios de comunicación que consume si va a pensar en un nivel más elevado. Fíjese en Jake, por ejemplo.

EL PROGRESO DE JAKE

Jake nunca ha sido un gran lector, pero disfrutó leer las historias de Narnia cuando era niño, así que decidió volver a leerlas para ver qué decía C. S. Lewis acerca de Dios. Él las recordaba como cuentos entretenidos pero al leerlas siendo adulto ha descubierto muchas perspectivas nuevas sobre Dios que no notó cuando era joven.

> Según sean sus pensamientos habituales, así será el carácter de su mente, porque el alma se tiñe con los pensamientos.
> — Marco Aurelio

Esto lo llevó a buscar otro clásico de C. S. Lewis que siempre quiso leer, Mero cristianismo. Compró una edición barata en rústica en la librería que está cerca de su casa y comenzó a hojearla. Al principio le resultó difícil seguir la lectura de los escritos de Lewis, pero pronto se adaptó a los ritmos y a las palabras de un inglés que escribió en el año 1943 e incluso aprendió a apreciar su estilo. Le tomó un tiempo, pero lo terminó y descubrió que su mente, curiosamente, se había ensanchado.

Como Mero cristianismo le resultó agradable y provechoso, Jake decide meterse de a lleno en los clásicos cristianos y consigue La imitación de Cristo de Thomas à Kempis, un texto que ha sido básico en el cristianismo durante casi seiscientos años. Con gran esfuerzo pasa las primeras veinte páginas, entonces decide que todavía no está listo para este, así que lo vuelve a colocar en su librero con la intención de leer otros primero hasta llegara ese.

Jake se da cuenta de que este ejercicio mental de un pensamiento más elevado será una actividad para toda la vida. Él espera que en algún momento de su vida llegue una etapa en la que pueda leer algo como La imitación de Cristo sin rechazar los conceptos o la manera en que está escrito. Él entró en esto por el resto de su vida y el próximo libro que compre lo acercará todavía más a una mente más fuerte y más saludables y a una relación más íntima con Dios.

APLICACIÓN

1. Anote sus respuestas a las preguntas siguientes: ¿Cuáles de las habilidades para un pensamiento más elevado que se trataron en este capítulo son habilidades que usted utiliza de forma habitual? Dé ejemplos de situaciones en las que estas le han beneficiado. ¿En qué habilidades para un pensamiento más elevado necesita trabajar y usar más a menudo? ¿Cómo cree que hacer esto pudiera marcar una diferencia en su vida?

2. Propóngase encontrar tres oportunidades durante la próxima semana para ejercitar sus habilidades de pensamiento crítico en las que una persona, ya sea en los medios de comunicación o en persona, haga una afirmación como si fuera una verdad sin aportar datos o argumentos que la apoyen. Profundice para descubrir cuán bien respaldada está dicha afirmación. Luego piense en lo que aprendió sobre el pensamiento crítico con el ejercicio.

3. Vea una de sus películas favoritas esta semana. Analícela y trate de determinar qué mensaje o mensajes quería comunicar el director. ¿Es el programa una representación acertada de la parte de la vida que está mostrando? ¿Por qué o por qué no?

4. Pídale a Dios que le ayude a verlo, tal vez un aspecto de su carácter, en un lugar inesperado esta semana. Luego mantenga abiertos sus ojos y espérelo.

5. Elabore una lista de los libros que leerá para ensanchar su pensamiento y desarrollar la mente de Cristo. Compre o pida prestado uno de los libros de su lista y aparte treinta minutos al día para leerlo. Cuando haya terminado, pase a otro, y mantenga la disciplina cotidiana de leer treinta minutos al día.

CUARTA FASE

Perseverancia

Cuarta semana y más allá

**EJERCICIO
NÚMERO 9**

Desafíe su mente

ENFOQUE

decida ser un

alumno de por

vida

Muchas veces la parte más difícil de una dieta física es sencillamente tomar la decisión de empezar y luego convertir ese comienzo en un ritmo y patrón que produzca resultados. Pero la otra parte más difícil es mantener dicho ritmo y patrón día tras día durante toda la vida. Hay muchas tentaciones en el camino de la salud y a menudo se hace difícil concentrarse en la meta final de una vida saludable y llena de energía.

> Una mente que se expande con una nueva experiencia nunca puede regresar a sus antiguas dimensiones.
> — Oliver Wendell Holmes

Lo mismo se cumple en la dieta para la renovación de la mente. Es un proceso difícil para comenzar, especialmente ya que la mayoría de nosotros estamos acostumbrados a dejar que nuestras mentes vayan adonde quieran. Pero mantener nuestras mentes saludables y activas es un desafío adicional que requiere disciplina y compromiso.

Así que, ahora que usted ha llevado sus pensamientos cautivos, ha desintoxicado su mente, se ha embarcado en una nueva vida de oración, ha buscado rendir cuentas, ha adquirido una manera de pensar adecuada y ha regulado los medios de comunicación que consume, ¿cómo puede mantener el ímpetu de esas cosas? ¿Cómo puede forjar un estilo de vida saludable, y vivir según los principios que se trazan en este libro?

La respuesta es el ejercicio número nueve: desafíe su mente al comprometerse a ser un alumno de por vida. Con el ejercicio nueve usted pasa a la cuarta semana de una dieta de tres semanas. En otras palabras, usted prolonga lo que ha aprendido y comienza a aplicarlo un día a la vez por el resto de su vida. Se convierte en un alumno de por vida.

Yo siempre he intentado ser alguien que aprende. De hecho, cuando salí de la universidad me puse la meta de ser un alumno de por vida. Yo creo que todos los líderes son alumnos. Bill Gates es un ejemplo excelente. En un artículo escrito por Evan Carmichael, Gates habló sobre la necesidad y los beneficios de aprender de por vida.

> Si estamos creciendo, siempre vamos a estar fuera de nuestra zona de comodidad.
> — John C. Maxwell

"De vez en cuando me gusta tomar una copia de la revista Time y leer cada artículo desde el comienzo hasta el final, no solo los artículos que me interesan más", señala Gates. "De esa manera uno puede estar seguro de aprender algo que no sabía antes".

Muchos desconocidos atribuyen el éxito de Gates a su alto nivel de inteligencia, pero para Gates: "Inteligente es un concepto escurridizo". En cambio, él atribuye su éxito a su deseo de nunca dejar de aprender. "Hay una cierta agudeza, una capacidad de absorber nuevos hechos; al hacer una pregunta perspicaz; al relacionar dos reinos que al principio pudiera parecer que no están relacionados". Es esta curiosidad la que Gates trata de inspirar en sus trabajadores, los anima no solo a buscar respuestas sino a hacer las preguntas correctas.

Para Gates, independientemente de aquello a lo que usted dedique su tiempo, nunca debe dejar de hacer preguntas; ni dejar de aprender. Sea que usted es un empresario, un médico, un programador de computadoras, solo al aumentar su comprensión del mundo que le rodea será capaz de producir un impacto significativo. Es por eso que Gates todavía hoy puede decir: "Me emocionan las posibilidades". Si usted nunca deja de aprender, nunca dejará de ver las posibilidades.[1]

Por supuesto, ser un alumno de por vida no significa necesariamente que usted tenga que estar familiarizado con la tecnología más nueva (eso de todas maneras es imposible) o con las tendencias culturales. Aprender es un tema tan amplio que usted necesitará personalizarlo.

MÉTODOS ACTIVOS PARA EL APRENDIZAJE

En el sentido más básico, aprendemos cada día ya sea que queramos o no. Nuestros cerebros captan información nueva sencillamente porque hay información nueva a todo nuestro alrededor: abren una farmacia nueva en la esquina, anoche un rayo fulminó un árbol, ponen un semáforo para doblar a la izquierda a dos cuadras de su casa. Ese tipo de aprendizaje es pasivo. Sin embargo, este capítulo se enfoca en el aprendizaje activo. El aprendizaje activo es cuando usted busca oportunidades para aumentar su nivel de conocimiento o experiencia.

> A los profesionales que se niegan a actualizar sus habilidades e insisten en métodos anticuados no se les puede seguir llamando profesionales.
> — Roger Johansson

Es importante saber que el aprendizaje activo no es cuestión necesariamente de regresar a la escuela y sacar otro diploma. Si su situación le permite volver a la escuela a estas alturas de su vida, esa es una gran oportunidad. Sin embargo, muchas personas sencillamente no tienen esa opción. Tal vez tienen un niño de edad preescolar en casa o tienen dos trabajos, o el dinero está demasiado escaso en este momento. En tales casos, el aprendizaje de por vida parece más bien un lujo y no una posibilidad, mucho menos una necesidad.

No hay problema. Lo bueno es que usted no tiene que ir a la escuela para aprender. Puede ser un alumno de por vida justo en la comodidad de su propia casa.

> Si usted agarra un gato por la cola, aprende cosas que no aprendería de ninguna otra manera.
>
> — Mark Twain

A continuación algunos métodos que prácticamente todo el mundo puede usar para ir tras una vida de aprendizaje activo fuera del aula.

LIBROS

Nunca subestime el valor de un buen libro. Se ha dicho que una persona puede convertirse experta en cualquier tema al estudiar de doce a quince libros sobre el tema. Ya sea que su meta sea volverse un experto, estudiar buenos libros habitualmente es una manera extraordinaria de desafiar su mente y convertirse en un alumno de por vida.

Sin embargo, la palabra clave es estudiar. Leer libros es una cosa, estudiarlos es otra. Estudiar implica aplicar a su lectura de los libros el tipo de pensamiento más elevado que tratamos en le capítulo anterior. No deje que las palabras de la página simplemente fluyan por su mente y salgan por el otro lado. Apodérese de ellas. Analice y establezca relaciones. Evalúe y edifique sus propios pensamientos u opiniones. Así es cuando se produce el verdadero aprendizaje.

En el mundo de hoy es más fácil conseguir libros que nunca antes. No solo hay enormes librerías en todo pueblo o ciudad, usted también puede escribir algunas palabras y números en su computadora y hará que el libro exacto que anda buscando se lo entreguen en la puerta de su casa al día siguiente. (Por supuesto, en la mayoría de los casos usted preferirá comprarlos con tiempo suficiente ¡para que no tenga que pagar el envío de un día para otro!) O, aunque pudiera parecer un método anticuado, sigue funcionando y es notablemente económico: visite la biblioteca de su vecindad.

GRUPOS DE DEBATE

Una de las maneras más útiles de procesar la información en un libro es debatirla en grupo. Prácticamente en todas las comunidades usted encontrará un grupo de personas que, o ya se reúnen para debatir libros, o estarían muy interesadas en hacerlo. Puede unirse a un grupo que ya exista o comenzar uno propio que esté enfocado en el libro o tema del que usted quiera aprender más.

El gran valor de un grupo de debate es que usted puede beneficiarse de las ideas, perspectivas y opiniones de un grupo en lugar de depender solamente de su propia perspectiva. Aprender de lo que otros están pensando o de las relaciones que ellos establecen entre varias ideas o temas no es fraude. Considere su grupo de debate como un equipo. La meta no es que una persona sea quien más brille sino que el equipo como un todo aprenda tanto como sea posible de la experiencia.

Pero los grupos de debate no tienen que estar concentrados en determinado libro o libros. Usted puede organizar un grupo de debate sobre cualquier tema que les interese a usted y a un pequeño grupo de personas en su comunidad, como por ejemplo: eventos de actualidad, dinámica de liderazgo o la teología de Calvino, Lutero o Arminio. En cierto sentido ni siquiera importa qué tema escoja, solo que cumpla con la norma de Filipenses 4:8. Usted aprenderá muchísimo de las perspectivas de otros (y ellos aprenderán de usted) y tendrá oportunidades suficientes para practicar el pensamiento crítico y otras habilidades del pensamiento más elevado.

OTRAS OPORTUNIDADES DE APRENDIZAJE

Mantenga sus ojos abiertos y encontrará oportunidades de sobra para desafiar su mente con un aprendizaje de por vida.

Si usted es padre o madre de hijos pequeños, averigüe sobre la serie de libros DK Eyewitness. Es probable que la biblioteca de su localidad los tenga. Sus temas van desde gatos, hasta volcanes y todo lo que pueda imaginar. Lo bueno de ellos es que están diseñados en párrafos cortos e informativos. Puede leer tanto como quiera en una sección y ¡y le prometo que aprenderá algo que no sabía!

Piense en las personas que usted conoce. ¿Su vecina es una maestra en la jardinería? Pregúntele qué sembraría ella en su patio y por qué. ¿Alguien de su grupo pequeño saca unas fotos increíbles? Pregúntele que hace que una foto sea excelente. No solo aprenderá algo, fortalecerá su relación al mostrar interés en lo que es importante para otros.

Vea un programa en el canal de historia, en Discovery, o en Nacional Geographic, PBS, o cualquier otro de los canales educativos que quizá no vea habitualmente.

> Trate de aprender algo acerca de todo y todo acerca de algo.
> — Thomas Hardy

Aprenda algo sobre otro país, otra cultura y otra época.

Lea una biografía. No tiene que empezar por un libro de ochocientas páginas de George Washington. Considere un libro de la sección para niños o adolescentes de la biblioteca. Escoja a alguien sobre quien conozca poco y lea con expectación.

Tome un curso en línea. Hay cientos de posibilidades ahí y existen clases sobre casi todas las materias que pueda imaginar. Para empezar escriba en Google clases en línea.

ESCOGER SU ESPECIALIZACIÓN

Para hablar de modo práctico, sería más beneficioso limitar sus esfuerzos en el aprendizaje de por vida a un grupo de temas o esferas a la vez. Hay tanta información disponible que, a menos que usted se enfoque, le parecerá que se está ahogando en la misma. Para empezar, escoja dos o tres ramas en las que quiera enfocar su aprendizaje. ¿Cómo escoger entre tantas opciones?

COMIENCE CON AQUELLO QUE LE MOTIVA

Si no disfruta cocinar, probablemente no le motivará mucho visitar www.allrecipes.com. Si no le interesa para nada la reparación de autos antiguos, es muy probable que no haga el esfuerzo de visitar la subasta de autos en Scottsdale, Arizona, en cada mes de enero. Sin embargo, si leer a Charles Spurgeon o a Jonathan Edwards le emociona, usted se acordará de visitar la Christian Classics Ethereal Library (www.ccel.org) con bastante regularidad. ¿Qué le apasiona? ¿Qué le hace arder la sangre? ¿Qué imagina usted que le haga salir temprano de la cama un sábado en la mañana? Anótelo. Podría ser una buena opción como un campo de estudio para su aprendizaje a largo plazo.

AMPLÍE SUS INTERESES

Quizá en lugar de escoger un campo de estudio por el que ya sienta pasión, usted deba mirar más allá de sus intereses habituales y tratar de aprender sobre un nuevo tópico. Quizá usted nunca ha probado leer a uno de los escritores cristianos clásicos o ni siquiera haya pensado que quiere hacerlo. Pero si trata de digerirlos en dosis pequeñas al principio (como se mencionó en el capítulo anterior), pudiera descubrir que realmente aprecia su profundidad y agudeza. Así que preferiría ordenar comida mexicana en un restaurante que prepararla usted mismo pero ¿y si pudiera hacer su chile verde por mucho menos que lo que le costaría cuando come fuera? Nadie está diciendo que tenga que leer los comentarios bíblicos de Lutero de punta a cabo, pero con el solo hecho de probar algo nuevo usted desafiará su mente y mejorará sus relaciones con oros ya que tendrá un nuevo interés para debatir.

DECIDA SI QUIERE APRENDER EN GENERAL O PROFUNDIZAR

Uno de mis amigos parece ser capaz de contribuir a cualquier conversación, no porque le guste escucharse a sí mismo sino porque tiene un conocimiento amplio de diversos temas. Él puede hablar de tecnología, de música, de deportes, de libros, de fotografía, de buenos restaurantes y de cualquier otra cosa prácticamente porque se ha propuesto explorar temas nuevos, lugares nuevos y temas diversos.

Por otra parte, usted pudiera ser una persona que quiere saber todo lo que sea posible sobre los terrier Jack Russell en lugar de poder hablar sobre los perros en sentido general. Le gustará saber cómo es su personalidad, las medidas y proporciones perfectas, los colores más deseables, cuán fácil es entrenarlos, quiénes son los mejores reproductores, etc.

En lo personal a mí me gusta una combinación de ambos métodos. Yo he decidido profundizar en el aprendizaje de ciertos temas y aprender en general de otros. Quiero saber tanto de la Palabra de Dios como me sea posible, así que la estudio, le pido a Dios que me ayude a comprenderla mejor y leo libros sobre ella para poder profundizar mi conocimiento. De vez en cuando disfruto jugar un poco de golf y estar al tanto de los profesionales, pero no juego un partido de dieciocho hoyos cada semana. Mi aprendizaje con relación al golf es más general que profundo.

> El corazón del entendido adquiere sabiduría; Y el oído de los sabios busca la ciencia.
> Proverbios 18:15

HAGA UNA ENCUESTA MENTAL

Analice los diversos aspectos de su vida: espiritual, físico, mental, emocional. Ahora que está bien adelantado en la renovación de su mente, ¿puede identificar un aspecto en particular que le gustaría mejorar? ¿Podría su cuerpo beneficiarse de un poco de tonificación? Considere algún tipo nuevo de ejercicios. ¿Lucha con la ira? Tal vez necesite estudiar un libro que le enseñe cómo tratar con esta emoción. Aprenda para ocuparse de una necesidad en particular o para resolver un problema.

APLIQUE LO QUE YA SABE

¿Se acuerda de nuestro debate sobre un pensamiento más elevado? Aprender no es solo ingerir conocimiento. Es cuestión de aplicar ese conocimiento a sus circunstancias, a su vida. Aunque hay algo que puede decirse en cuanto al conocimiento solo por el conocimiento, hay más que decir en cuanto al conocimiento aplicado. De hecho algunos llaman a la sabiduría conocimiento aplicado. Y la Biblia dice que adquirir sabiduría es una prioridad: "Recibid mi enseñanza, y no plata; Y ciencia antes que el oro escogido. Porque mejor es la sabiduría que las piedras preciosas; Y todo cuanto se puede desear, no es de compararse con ella". (Proverbios 8:10,11).

LA IMPORTANCIA DEL APRENDIZAJE

En realidad todo se reduce a una decisión consciente de su parte de vivir con una mente renovada día tras día, independientemente de cómo se sienta, lo mismo que sucede con vivir la vida de un seguidor de Jesús. Jesús incluso dijo lo mismo en Lucas 9:23-25: "Y decía a todos: Si alguno quiere venir en pos de mí, niéguese a sí mismo, tome su cruz cada día, y sígame. Porque todo el que quiera salvar su vida, la perderá; y todo el que pierda su vida por causa de mí, éste la salvará. Pues ¿qué aprovecha al hombre, si gana todo el mundo, y se destruye o se pierde a sí mismo? "

La respuesta no podía ser más sencilla. Vivir una vida saludable y llena de energía en el sentido mental implica un compromiso cotidiano de negarse a uno mismo. Si vamos a andar con la mejor capacidad mental que Dios tiene para nosotros, debemos negarnos a nosotros mismos tanto física como mentalmente. Todos tenemos una inclinación hacia los deseos egoístas a los que la Biblia denomina nuestra naturaleza pecaminosa, una propensión hacia el pecado que está integrada en nosotros.

El apóstol Pablo trató este tema ampliamente en Romanos 8. Él escribió sobre nuestra naturaleza pecaminosa y la manera extraordinaria en que esta se quita de nosotros cuando le entregamos nuestros corazones y mentes al Creador. Veamos por ejemplo los versículos del 5 al 10:

> Porque los que son de la carne piensan en las cosas de la carne; pero los que son del Espíritu, en las cosas del Espíritu. Porque el ocuparse de la carne es muerte, pero el ocuparse del Espíritu es vida y paz. Por cuanto los designios de la carne son enemistad contra Dios; porque no se sujetan a la ley de Dios, ni tampoco pueden; y los que viven según la carne no pueden agradar a Dios.
>
> Mas vosotros no vivís según la carne, sino según el Espíritu, si es que el Espíritu de Dios mora en vosotros. Y si alguno no tiene el Espíritu de Cristo, no es de él. Pero si Cristo está en vosotros, el cuerpo en verdad está muerto a causa del pecado, mas el espíritu vive a causa de la justicia.

¿Qué significa esto para nosotros? Significa que podemos vivir un patrón de buena salud mental de por vida. Deje de intentar vivir una vida saludable en el aspecto mental según sus propias fuerzas y permita que Dios le ayude a hacerlo. Sí, van a surgir tentaciones, tentaciones a pecar o solo a permitir que su nueva rutina mental se afloje un poco más cada día. Pero Dios nos ha prometido que las tentaciones no tienen que salir ganando:

"No os ha sobrevenido ninguna tentación que no sea humana; pero fiel es Dios, que no os dejará ser tentados más de lo que podéis resistir, sino que dará también juntamente con la tentación la salida, para que podáis soportar. " (1 Corintios 10:13).

Estos son las sencillas realidades de un corazón que ha sido entregado al Creador. Este es el tipo de estilo de vida que Dios quiere que usted tenga, es el estilo de vida que él le ha proporcionado. Dios le ha dado la oportunidad de vivir este tipo de vida, depende de usted cooperar con la obra que él quiere hacer en su vida.

En Mateo 7:13-14 Jesús nos manda: "Entrad por la puerta estrecha; porque ancha es la puerta, y espacioso el camino que lleva a la perdición, y muchos son los que entran por ella; porque estrecha es la puerta, y angosto el camino que lleva a la vida, y pocos son los que la hallan". La dieta para la renovación de la mente pudiera parecer restrictiva pero está lejos de serlo. Nuestra cultura nos dice constantemente que vayamos por el camino espacioso, que pasemos por la puerta ancha, que tomemos la decisión más fácil y que nos pongamos a nosotros mismos en primer lugar. Pero ese camino solo lleva a la destrucción.

Por otra parte, el camino estrecho, la puerta pequeña, esas son las cosas que llevan a la vida (Juan 10:10). ¡Y a una vida abundante! ¿Está cansado, ocupado o estresado al punto en que le resulta difícil mantener la pureza de sus pensamientos? Tal vez esté cansado, ocupado y estresado porque no ha mantenido la pureza de sus pensamientos. Ha estado caminando por el camino espacioso y entrado por la puerta ancha.

Lo bueno es que Dios es fiel y siempre estará disponible cuando usted lo necesite. El camino estrecho siempre es una opción que puede tomar. Dios es un Dios constante, consecuente que es el mismo ayer, y hoy, y para siempre (Hebreos 13:8). Como Padre amoroso se deleita en que sus hijos vuelvan sus corazones a él, independientemente de lo que hayan hecho en el pasado. Si usted pierde el rumbo en su dieta para la renovación de la mente, solo recuerde que Dios quiere ayudarle a regresar y solo necesita que usted desee hacerlo una vez más.

Encuéntrese con Dios en oración. Búsquelo en las palabras de la Biblia. Encuéntrelo en reuniones con aquellos que le pedirán cuentas. Búsquelo en su creación. Él quiere que lo encuentren. Solo tenemos que buscarlo en el camino estrecho.

APLICACIÓN

Realice ahora estos cinco ejercicios para aplicar lo que aprendió en este capítulo.

1. Pruebe el método de Bill Gates para leer una revista. Léala de tapa a tapa en lugar de escoger los artículos que quiere leer. ¿Qué aprendió que no lo hubiera hecho de otro modo?

2. Anote sus respuestas a las preguntas siguientes: ¿Qué le emociona más de la posibilidad de ser un alumno de por vida? ¿Qué dudas tiene? ¿Cuáles cree usted que serán los mayores obstáculos? Escriba una oración que puede hacer a diario en la que le pida a Dios que le dé la capacidad de mantener una mente limpia y un corazón puro para perseguir de manera activa una vida entera de aprendizaje.

3. Cree una lista de diez a quince temas sobre los que usted cree que le gustaría aprender. Ore por su lista durante un día o dos, y luego comience a reducir la lista a cuatro o cinco temas. Una vez que tenga una lista más corta, comience a investigar las posibilidades de aprender más sobre esos temas mediante la lectura de libros, la participación en grupos o clases y otras oportunidades. Comience su aprendizaje en una o dos esferas tan pronto como sea posible.

4. Cree un plan para sus tres primeros meses de aprendizaje de por vida. ¿Qué va a estudiar? ¿Cómo lo estudiará? ¿Cuánto tiempo le dedicará? ¿Qué espera aprender? ¿Cómo espera que cambie su vida como resultado de su aprendizaje? ¿Cómo compartirá con otros lo que ha aprendido? Anote tantos detalles como pueda para que tenga un plan bueno y concreto.

5. Realice una revisión de su estado actual y cuánto ha avanzado en cuanto a su manera de pensar desde que comenzó a leer *Piense y cambie su vida*. ¿Los resultados han sido lo que usted esperaba? ¿Mejores? ¿Cuáles cree usted que son los motivos? Entonces, repase cualquier principio o ejercicios que pudiera haber pasado por alto en su primera lectura del libro. Considere ponerlos en práctica ahora. Al concluir su revisión, dele gracias a Dios por su fidelidad y presencia constante a medida que usted ha pasado por este proceso.

Lo que Dios piensa de usted

A continuación aparece una lista de versículos bíblicos que muestran lo que Dios piensa de usted. Son versículos útiles para leer de manera habitual y mantener saludables sus pensamientos sobre sí mismo.

- Génesis 1:27— "Y creó Dios al hombre a su imagen, a imagen de Dios lo creó; varón y hembra los creó."

- Éxodo 19:5— "Ahora, pues, si diereis oído a mi voz, y guardareis mi pacto, vosotros seréis mi especial tesoro sobre todos los pueblos; porque mía es toda la tierra."

- Deuteronomio 31:16— "…porque Jehová tu Dios es el que va contigo; no te dejará, ni te desamparará."

- Deuteronomio 33:12—"El amado de Jehová habitará confiado cerca de él; Lo cubrirá siempre, Y entre sus hombros morará".

- Deuteronomio 33:27— "El eterno Dios es tu refugio, Y acá abajo los brazos eternos."

- 2 Reyes 17:39— "…mas temed a Jehová vuestro Dios, y él os librará de mano de todos vuestros enemigos."

- Salmos 5:12: "Porque tú, oh Jehová, bendecirás al justo; Como con un escudo lo rodearás de tu favor."

- Salmos 18:16-19— "Envió desde lo alto; me tomó, Me sacó de las muchas aguas. Me libró de mi poderoso enemigo, Y de los que me aborrecían; pues eran más fuertes que yo. Me asaltaron en el día de mi quebranto, Mas Jehová fue mi apoyo. Me sacó a lugar espacioso; Me libró, porque se agradó de mí".

- Salmos 23:6— "Ciertamente el bien y la misericordia me seguirán todos los días de mi vida, Y en la casa de Jehová moraré por largos días."

- Salmos 27:5— "Porque él me esconderá en su tabernáculo en el día del mal; Me ocultará en lo reservado de su morada; Sobre una roca me pondrá en alto."

- Salmos 32:7— "Tú eres mi refugio; me guardarás de la angustia; Con cánticos de liberación me rodearás."

- Salmos 48:14— "Porque este Dios es Dios nuestro eternamente y para siempre; El nos guiará aun más allá de la muerte."

- Salmos 91:11— "Pues a sus ángeles mandará acerca de ti, Que te guarden en todos tus caminos."

- Salmos 91:14-15— "Por cuanto en mí ha puesto su amor, yo también lo libraré; Le pondré en alto, por cuanto ha conocido mi nombre. Me invocará, y yo le responderé;   Con él estaré yo en la angustia; Lo libraré y le glorificaré."

- Salmos 100:3— "Reconoced que Jehová es Dios; El nos hizo, y no nosotros a nosotros mismos; Pueblo suyo somos, y ovejas de su prado."

- Salmos 103:10-13: "No ha hecho con nosotros conforme a nuestras iniquidades, Ni nos ha pagado conforme a nuestros pecados. Porque como la altura de los cielos sobre la tierra, Engrandeció su misericordia sobre los que le temen. Cuanto está lejos el oriente del occidente, Hizo alejar de nosotros nuestras rebeliones. Como el padre se compadece de los hijos, Se compadece Jehová de los que le temen."

- Salmos 135:3-4: "Alabad a JAH, porque él es bueno; Cantad salmos a su nombre, porque él es benigno. Porque JAH ha escogido a Jacob para sí, A Israel por posesión suya."

- Salmos 138:8— "Jehová cumplirá su propósito en mí; Tu misericordia, oh Jehová, es para siempre; No desampares la obra de tus manos."

- Salmos 139:1-4— "Oh Jehová, tú me has examinado y conocido. Tú has conocido mi sentarme y mi levantarme; Has entendido desde lejos mis pensamientos. Has escudriñado mi andar y mi reposo, Y todos mis caminos te son conocidos. Pues aún no está la palabra en mi lengua, Y he aquí, oh Jehová, tú la sabes toda."

- Salmos 145:9— "Bueno es Jehová para con todos, sus misericordias sobre todas sus obras."

- Salmos 145:13-14— "Tu reino es reino de todos los siglos,

Y tu señorío en todas las generaciones. Sostiene Jehová a todos los que caen, Y levanta a todos los oprimidos."

- Salmos 145:18-20— "Cercano está Jehová a todos los que le invocan, A todos los que le invocan de veras. Cumplirá el deseo de los que le temen; Oirá asimismo el clamor de ellos, y los salvará. Jehová guarda a todos los que le aman, Mas destruirá a todos los impíos."

- Salmos 147:11— "Se complace Jehová en los que le temen, Y en los que esperan en su misericordia."

- Isaías 41:13— "Porque yo Jehová soy tu Dios, quien te sostiene de tu mano derecha, y te dice: No temas, yo te ayudo."

- Isaías 43:4— Porque a mis ojos fuiste de gran estima, fuiste honorable, y yo te amé; daré, pues, hombres por ti, y naciones por tu vida."

- Isaías 44:2— "Así dice Jehová, Hacedor tuyo, y el que te formó desde el vientre, el cual te ayudará: No temas, siervo mío Jacob, y tú, Jesurún, a quien yo escogí."

- Isaías 46:4— "Y hasta la vejez yo mismo, y hasta las canas os soportaré yo; yo hice, yo llevaré, yo soportaré y guardaré."

- Isaías 48:17— "Así ha dicho Jehová, Redentor tuyo, el Santo de Israel: Yo soy Jehová Dios tuyo, que te enseña provechosamente, que te encamina por el camino que debes seguir."

- Isaías 49:16— "He aquí que en las palmas de las manos te tengo esculpida; delante de mí están siempre tus muros."

- Isaías 54:10— "Porque los montes se moverán, y los collados temblarán, pero no se apartará de ti mi misericordia, ni el pacto de mi paz se quebrantará, dijo Jehová, el que tiene misericordia de ti."

- Isaías 58:11— "Jehová te pastoreará siempre, y en las sequías saciará tu alma, y dará vigor a tus huesos; y serás como huerto de riego, y como manantial de aguas, cuyas aguas nunca faltan."

- Jeremías 1:5— "Antes que te formase en el vientre te conocí, y antes que nacieses te santifiqué, te di por profeta a las naciones."

- Jeremías 29:11— "Porque yo sé los pensamientos que tengo acerca de vosotros, dice Jehová, pensamientos de paz, y no de mal, para daros el fin que esperáis."

- Jeremías 31:3— "Jehová se manifestó a mí hace ya mucho tiempo, diciendo: Con amor eterno te he amado; por tanto, te prolongué mi misericordia."

- Jeremías 32:40— "Y haré con ellos pacto eterno, que no me volveré atrás de hacerles bien, y pondré mi temor en el corazón de ellos, para que no se aparten de mí."

- Ezequiel 34:12, 31— "Como reconoce su rebaño el pastor el día que está en medio de sus ovejas esparcidas, así reconoceré mis ovejas, y las libraré de todos los lugares en que fueron esparcidas el día del nublado y de la oscuridad... Y vosotras, ovejas mías, ovejas de mi pasto, hombres sois, y yo vuestro Dios, dice Jehová el Señor."

- Oseas 2:19— "Y te desposaré conmigo para siempre; te

desposaré conmigo en justicia, juicio, benignidad y misericordia."

• Sofonías 3:17— "Jehová está en medio de ti, poderoso, él salvará; se gozará sobre ti con alegría, callará de amor, se regocijará sobre ti con cánticos."

• Mateo 7:11— "Pues si vosotros, siendo malos, sabéis dar buenas dádivas a vuestros hijos, ¿cuánto más vuestro Padre que está en los cielos dará buenas cosas a los que le pidan?

• Juan 1:12— "Mas a todos los que le recibieron, a los que creen en su nombre, les dio potestad de ser hechos hijos de Dios."

• Juan 8:36— "Así que, si el Hijo os libertare, seréis verdaderamente libres."

• Juan 14:2-3— "En la casa de mi Padre muchas moradas hay; si así no fuera, yo os lo hubiera dicho; voy, pues, a preparar lugar para vosotros. Y si me fuere y os preparare lugar, vendré otra vez, y os tomaré a mí mismo, para que donde yo estoy, vosotros también estéis."

• Juan 15:16— "No me elegisteis vosotros a mí, sino que yo os elegí a vosotros, y os he puesto para que vayáis y llevéis fruto, y vuestro fruto permanezca; para que todo lo que pidiereis al Padre en mi nombre, él os lo dé."

• Juan 17:23— "Yo en ellos, y tú en mí, para que sean perfectos en unidad, para que el mundo conozca que tú me enviaste, y que los has amado a ellos como también a mí me has amado."

• Hechos 17:28— "Porque en él vivimos, y nos movemos, y

somos; como algunos de vuestros propios poetas también han dicho: Porque linaje suyo somos."

- Romanos 5:8— "Mas Dios muestra su amor para con nosotros, en que siendo aún pecadores, Cristo murió por nosotros".

- Romanos 8:31— "¿Qué, pues, diremos a esto? Si Dios es por nosotros, ¿quién contra nosotros?"

- Romanos 8:35,37—39 "¿Quién nos separará del amor de Cristo? ¿Tribulación, o angustia, o persecución, o hambre, o desnudez, o peligro, o espada?...Antes, en todas estas cosas somos más que vencedores por medio de aquel que nos amó. Por lo cual estoy seguro de que ni la muerte, ni la vida, ni ángeles, ni principados, ni potestades, ni lo presente, ni lo por venir, ni lo alto, ni lo profundo, ni ninguna otra cosa creada nos podrá separar del amor de Dios, que es en Cristo Jesús Señor nuestro."

- 2 Corintios 6:18— "Y seré para vosotros por Padre, Y vosotros me seréis hijos e hijas, dice el Señor Todopoderoso."

- Efesios 1:4-8— "según nos escogió en él antes de la fundación del mundo, para que fuésemos santos y sin mancha delante de él, en amor habiéndonos predestinado para ser adoptados hijos suyos por medio de Jesucristo, según el puro afecto de su voluntad, para alabanza de la gloria de su gracia, con la cual nos hizo aceptos en el Amado, en quien tenemos redención por su sangre, el perdón de pecados(A) según las riquezas de su gracia, que hizo sobreabundar para con nosotros en toda sabiduría e inteligencia."

- Efesios 1:11-12— "En él asimismo tuvimos herencia, habiendo sido predestinados conforme al propósito del que hace todas las cosas según el designio de su voluntad, a fin de que seamos para alabanza de su gloria, nosotros los que primeramente esperábamos en Cristo."

- Efesios 5:25-27— "Cristo amó a la iglesia, y se entregó a sí mismo por ella, para santificarla, habiéndola purificado en el lavamiento del agua por la palabra, a fin de presentársela a sí mismo, una iglesia gloriosa, que no tuviese mancha ni arruga ni cosa semejante, sino que fuese santa y sin mancha."

- 2 Tesalonicenses 2:16-17— "Y el mismo Jesucristo Señor nuestro, y Dios nuestro Padre, el cual nos amó y nos dio consolación eterna y buena esperanza por gracia, conforte vuestros corazones, y os confirme en toda buena palabra y obra.

- 2 Timoteo 1:9— "Quien nos salvó y llamó con llamamiento santo, no conforme a nuestras obras, sino según el propósito suyo y la gracia que nos fue dada en Cristo Jesús antes de los tiempos de los siglos."

- 1 Pedro 2:9— "Mas vosotros sois linaje escogido, real sacerdocio, nación santa, pueblo adquirido por Dios, para que anunciéis las virtudes de aquel que os llamó de las tinieblas a su luz admirable."

- 1 Juan 3:1— "Mirad cuál amor nos ha dado el Padre, para que seamos llamados hijos de Dios; por esto el mundo no nos conoce, porque no le conoció a él."

- 1 Juan 4:10— "En esto consiste el amor: no en que nosotros hayamos amado a Dios, sino en que él nos amó a nosotros, y envió a su Hijo en propiciación por nuestros pecados."

Hoja de trabajo para el inventario de los medios de comunicación

En la página siguiente encontrará una hoja de trabajo que puede usar para completar un inventario personal de los medios de comunicación que usted consume. Tiene permiso para realizar fotocopias de la misma para el uso personal.

INSTRUCCIONES

Escriba la fecha de hoy en el espacio en blanco que se proporciona, luego anote cada medio de comunicación que usted consumió hoy, cómo lo hizo (televisión, radio, Internet. etc.), durante cuánto tiempo, con qué objetivo y su evaluación de si ese artículo llenó su mente con pensamientos saludables o dañino en su mayor parte, o una mezcla de ambos.

HOJA DE TRABAJO PARA EL INVENTARIO DE LOS MEDIOS

Fecha del inventario

¿Qué?	¿Cómo?	¿Cuánto tiempo?	¿Por qué?	Evaluación

Se otorga permiso para fotocopiar la hoja de trabajo para el uso personal.

APÉNDICE C

Hoja de trabajo para el plan alimenticio de los medios de comunicación

En la página siguiente encontrará una hoja de trabajo que le ayudará a crear un plan alimenticio de los medios de comunicación. Puede fotocopiar la hoja de trabajo para su uso personal.

INSTRUCCIONES

Enumero todos los tipos de medios que planea usar durante la próxima semana, junto con cuánto tiempo piensa que le tomará y todos los posibles peligros que ve en el consumo de ese artículo en particular.

HOJA DE TRABAJO PARA EL PLAN ALIMENTICIO DE LOS MEDIOS DE COMUNICACIÓN

Tipo de medios	Títulos	Tiempo estimado	Posibles peligros
PROGRAMAS DE TELEVISIÓN			
PELÍCULAS O DVD			
MÚSICA			
LIBROS			
REVISTAS			
PERIÓDICOS			
SITIOS WEB			
CORREO ELECTRÓNICO			

Se otorga permiso para fotocopiar la hoja de trabajo para el uso personal.

APÉNDICE D

Muestra del pacto de rendición de cuentas

Pactamos juntos, como hermanos y hermanas en Cristo, reunirnos al menos dos veces al mes con el objetivo de rendirnos cuentas mutuamente en nuestro empeño de mantener corazones puros y mentes limpias. Además acordamos seguir reuniéndonos de esta manera durante el curso de los próximos seis meses.

Acordamos que el contenido de nuestras reuniones será confidencial. No revelaremos las ideas ni las emociones que expresen otras personas en nuestras reuniones sin el permiso específico de dicha persona. Esto incluye tanto la divulgación pública (peticiones de oración, ilustraciones para sermones, o blogs) así como la divulgación privada (conversaciones con amigos, compañeros de trabajo o familiares). Los detalles sobre las conversaciones o interacciones no se pueden contar sin permiso, incluso si usted cambia el nombre o enmascara la identidad de la otra persona de alguna manera.

Acordamos que el objetivo de nuestra reunión no es aconsejar, instruir ni supervisar a los demás, sino proporcionar apoyo cristiano y la obligación de rendir cuentas. Lo haremos no con palabras duras y juicios críticos sino que escucharemos con compasión, daremos palabras de ánimo y nos comunicaremos de manera directa y firme.

Convenido en Cristo:

Nombre: _____

Nombre: _____

Nombre: _____

Fecha: _____

Preguntas para la rendición de cuentas

Use estas preguntas para profundizar más al expresarse en las reuniones de rendición de cuentas. Sin dudas no tiene que usarlas todas en cada reunión pero, como se mencionó en el texto, la última pregunta de cada sección debiera ser: "¿Respondió a todas estas preguntas honestamente?"

Para obtener más indicaciones sobre cómo usar las preguntas o qué hacer una reunión de rendición de cuentas, vea el Ejercicio número 6: Cree un círculo de rendición de cuentas.

1. ¿Cómo le ha ido en cuanto a mantener su integridad durante esta semana? ¿Qué ha hecho que pudiera haber comprometido su integridad?

2. ¿Qué hizo usted esta semana para progresar en sus metas espirituales? ¿Qué desafíos ha enfrentado esta semana en la búsqueda de sus metas espirituales?

3. ¿Cómo se siente hoy con relación a su compañero/a para la rendición de cuentas? ¿Hay alguna manera en que podamos hacer que le resulte más beneficioso?

4. ¿Cuánto y qué tipos de medios consumió usted esta semana? Describa cómo ha sido su consumo de los medios. Describa si le gustaría hacer algún cambio en su consumo de los medios antes de nuestra próxima reunión.

5. ¿Cómo le va ahora con dar prioridad a las personas antes que a los medios? ¿En qué aspecto pudiera estar luchando al respecto?

6. ¿Cómo le van con llevar cada pensamiento cautivo? ¿Qué tipos de ideas han estado surgiendo de continuo en su mente? ¿Qué tipos de pensamientos le han sorprendido? ¿Qué ha hecho con dichos pensamientos?

7. ¿Cuánto le ha permitido vagar a su mente? ¿Adónde ha vagado? ¿Qué hizo para ponerle riendas?

8. ¿En qué tipos de pensamientos saludables está tratando de enfocarse ahora mismo? ¿Cómo le va con eso?

9. ¿Por qué quiere que ore junto con usted esta semana?

10. ¿Con qué está luchando más ahora mismo? ¿Dónde está teniendo las mayores victorias?

11. ¿Ha respondido a todas mis preguntas con sinceridad?

Taxonomía de Bloom

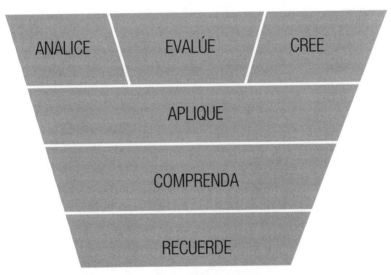

Fuente: http://commons.wikimedia.org/wiki/
Image:BloomsCognitiveDomain.PNG

Notas

INTRODUCCIÓN

1. Toler, Stan, *Calidad total en la vida: Estrategias para llevar una vida llena de significado*, Editorial Patmos, Miami, FL, 2010.

EJERCICIO NÚMERO 1

1. Lewis, C. S., *Mero cristianismo*, Rayo, USA, 2006.

2. Marketdata Enterprises, Inc., Full Industry Studies, http://www.mkt-data-ent.com/studies.html (accedido el 7 de febrero de 2008).

3. Ministerio de Agricultura de los Estados Unidos, "Inside the Pyramid", http://www.mypyramid.gov/pyramid/index.html (accedido el accessed 22 de mayo de 2008).

Ejercicio número 2

1. O'Donnell, Laurence, "Music and the Brain" [La música y el cerebro], http://www.cerebro-mente,org.br/n15/mente/musica.html (accedido el 14 de febrero de 2008).

2. Media Awareness Network, "Research on the Effects of Media Violence" [Investigación sobre los efectos de la violencia en los medios], http://www.media-awareness .ca/english/issues/violence/effects_media_violence.cfm (accedido el 14 de febrero de 2008).

3. Mercola.com, "How Television Affects Your Brain Chemistry" [Cómo la televisión afecta la química de su cerebro], (video clip).
http://articles.mercola.com/sites/articles/archive/2007/10/20/how-television-affects-your-brain-chemistry-and-that-s-not-aII .aspx (accedido el 13 de febrero de 2008).

4. Wikipedia, "Information overload",
http://es.wikipedia.org/wiki/Sobrecarga_informativa (accedido el 14 de febrero de 2008).

5. Murray, Bridget, "Data Smog: Newest Culprit in Brain Drain", APA Online. http://www.apa.org/monitor/mar98/smog.html (accedido el 14 de febrero de 2008).

Ejercicio número 3

1. Anderson, Neil T., *Victoria sobre la oscuridad*, UNILIT, Miami, FL, 2002.

Ejercicio número 4

1. Strange, James F., "Sepphoris", The Bible and Interpretation [La Biblia y la interpretación], http://www.bibleinterp.com/articles/sepphoris.htm (accedido el 23 de mayo de 2008).

2. McManus, Barbara F., Leisure and Entertainment:' http://www.vroma.org/~bmcmanus/leisure.html (accedido el 16 de febrero de 2008).

3. History Learning Site, "Roman Entertainment" [Entretenimiento romano], http://www.historylearningsite.co.uk/roman_entertainment.htm (accedido el 16 de febrero de 2008).

Ejercicio número 5

1. Sweet, Leonard, *11*, David C. Cook, Colorado Springs, CO, 2008, 98-99.

Ejercicio número 6

1. Mars Hill, "Prayer of Examen" [Oración de examen], http://www.marshill.org/advent/examen.php (accedido el 23 de mayo de 2008).

2. Jackson, Rob, "Foundations for Life: How to Develop Effective Accountability" [Fundamentos para la vida: Cómo desarrollar una rendición de cuentas eficaz], Enfoque a la familia, http://www.pureintiniacy.org/gr/intimacy/redemption/a000015l.cfm (accedido el 23 de mayo de 2008).

Ejercicio número 8

1. Adaptado de Lynn Schultz, "Bloom's Taxonomy" [Taxonomía de Bloom],

http://www.odu.edu/educ/roverbau /bloom/blooms_taxo-nomy.htm (accedido el 23 de mayo de 2008).

EJERCICIO NÚMERO 9

1. Carmichael, Evan, "Lesson #5: Never Stop Learning" [Nunca deje de aprender], http://ww.evancarmichael.com/ Famous-Entrepreneurs/556/Lesson-5-Never-Stop-Lear-ning.html (accedido el 2 de febrero de 2008).